U0459565

文旅融合背景下文化产业与旅游经济
互动发展研究

王西涛　著

吉林大学出版社

·长春·

图书在版编目（CIP）数据

文旅融合背景下文化产业与旅游经济互动发展研究 /
王西涛著 . —— 长春 : 吉林大学出版社 , 2023.7
ISBN 978-7-5768-2166-6

Ⅰ.①文… Ⅱ.①王… Ⅲ.①文化产业 – 产业发展 –
研究 – 中国②旅游业发展 – 研究 – 中国 Ⅳ.① G124 ② F592.3

中国国家版本馆 CIP 数据核字 (2023) 第 190432 号

书　　名　文旅融合背景下文化产业与旅游经济互动发展研究
　　　　　　WENLÜ RONGHE BEIJING XIA WENHUA CHANYE YU LÜYOU JINGJI HUDONG FAZHAN YANJIU

作　　者　王西涛
策划编辑　矫　正
责任编辑　矫　正
责任校对　陈　曦
装帧设计　久利图文
出版发行　吉林大学出版社
社　　址　长春市人民大街 4059 号
邮政编码　130021
发行电话　0431–89580028/29/21
网　　址　http://www.jlup.com.cn
电子邮箱　jldxcbs@sina.com
印　　刷　天津鑫恒彩印刷有限公司
开　　本　787mm×1092mm　　1/16
印　　张　12.5
字　　数　200 千字
版　　次　2024 年 1 月　　第 1 版
印　　次　2024 年 1 月　　第 1 次
书　　号　ISBN 978-7-5768-2166-6
定　　价　68.00 元

版权所有　翻印必究

前　言

　　文化产业与旅游经济具有天然的契合性和联动性，文化是旅游经济运行的灵魂，旅游经济为文化产业的传播提供了载体。加快文化产业与旅游经济互动发展，是满足新时代人民群众追求高品质生活的现实要求，也是当今世界经济发展的大趋势，对于推动经济发展方式转变、产业提质增效升级和实现文化传承、保护、创新意义重大。国内外文旅融合发展的成功经验表明，旅游与文化融合程度越高，旅游产品就越精粹，旅游吸引力就越大，旅游经济就越发达。

　　文旅融合是经济社会发展到一定阶段后衍生出的产业发展形式，也是人民对美好生活需求的时代选择。文化和旅游发展相辅相成——文化是旅游的核心资源，决定旅游产业、旅游产品内涵和品质的高低；旅游为传播文化提供绝佳途径，促进社会文化建设，推动国家经济发展。因此，文化和旅游的深度融合，将文化渗透进旅游，可以让旅游产品的内涵更加丰富，旅游更具有文化品位，可以提高旅游对游客的吸引力以及游客的旅游体验感，促进旅游业大发展；通过旅游载体可以彰显文化、传承文化，使静态的文化活起来、用起来，促进文化的有效传播和交流，加快文化大繁荣，最终实现两大产业的转型升级，实现文化、经济的协同高质量发展。

　　本书以文旅融合为视角探讨文化产业与旅游经济互动发展问题：以文化和旅游产业融合相关概念界定为切入点，详述文化与旅游产业融合机制、机理及经济效应；依托区域经济增长理论、系统耦合理论、规模经济理论、新资源理论等相关理论，深入剖析文旅融合背景下文化产业与旅游经济互动发展的现实困境，进而分别分析农文旅融合与农村经济互动发展以及文旅融合与城市经济互动发展的现状；在借鉴国内外经验的基础上，提出农文旅融合与农村经济互动发展以及文旅融合与城市经济互动发展的实现路径，并以安徽省黄山市文化产业和旅游经济互动发展、汨罗端午文化与旅游经济互动发展、昆明市宜良县九乡麦地冲村农文旅融合推动乡村振兴为例，从文化产业与旅游经济互动发展的模式与对策两个方面进行研究，为文化产业与旅游经济的协同发展提供参考。

社会发展日新月异，产业经济结构正历经深刻变化和升级调整，文化产业和旅游产业也将进入一个新型调整和升级发展时期。中国有深厚的文化资源和丰富的旅游资源，同时国家政策的支持和相关行业的资金投入为文旅融合的良性发展营造了合理的内部发展环境和外部创新环境，为实现文旅一体化发展创造了主观性和客观性的发展条件。文化产业与旅游经济的共生发展模式顺应了旅游行业绿色可持续发展的必然趋势，文化和旅游的融合度以及关联度日益密切，适应了文化消费市场和旅游市场供需平衡调整的新趋势。推动文旅融合发展，以文旅大融合、大创新助推文化大发展、大繁荣，能够极大地促进区域文化旅游的集成性迭代、整体性重塑、创新性发展。

王西涛

2022 年 10 月

目 录

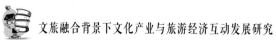

第一章　文旅融合背景下文化产业与旅游经济互动发展的理论基础与现实依据

理论是在实践基础上概念、判断和推理的升华，反过来对实践具有推动作用。文旅融合背景下文化产业与旅游经济互动发展不是无源之水、无本之木，是以一定的理论基础为源泉的实践活动。区域经济增长理论、系统耦合理论、规模经济理论、新资源理论等相关理论以及文化旅游与城市经济协调发展的现实基础为文旅融合背景下文化产业与旅游经济互动发展奠定了坚实的理论基础和现实依据。

一、文旅融合背景下文化产业与旅游经济互动发展的理论基础

（一）区域经济增长理论

区域经济增长就是区域经济总量和规模的扩大，即区域生产的商品和提供的劳务总量的不断增长。区域经济增长体现了一个区域经济实力的变化，也在一定程度上反映了区域经济发展能力的变化。区域经济增长是包括区域经济学、发展经济学和经济地理学在内的许多学科研究的重要课题。区域经济增长的主要理论有区域增长极理论、循环积累因果原理、乘数作用和加速原理。

1. 区域增长极理论

区域增长极理论是在法国经济学家弗朗索瓦·佩鲁（Francois Perroux）的增长极理论基础上发展起来的。经济增长首先出现在具有创新能力的行业，而不是同时出现在所有部门。这些具有创新能力的行业常常集聚于经

济空间的某些点上，于是就形成了增长极。所谓增长极，就是具有空间集聚特点的推动性经济单位的集合体。经济的增长率先发生在增长极上，然后通过各种方式向外扩散，对整个经济发展产生影响。区域经济学者把佩鲁的增长极概念和思想引入区域经济研究之中，并且与地理空间概念融合起来，就形成了解释区域经济增长过程和机制的区域增长极理论。

2. 循环积累因果原理

循环积累因果原理是经济学家冈纳·缪尔达尔（G.Myrdal）于1944年在《美国的两难处境》中首次提出的。他把社会经济制度看成是一个不断演进的过程，认为导致这种演进的技术、社会、经济、政治、文化等方面的因素是相互联系、相互影响和互为因果的。如果这些因素中的某一个发生了变化，就会引起另一个相关因素也发生变化，后者的变化反过来又推动最初的那个因素继续变化，从而使社会经济沿着最初的那个变化所确定的轨迹方向发展。可见，社会经济的各个因素之间的关系并不守衡或者趋于均衡，是以循环的方式在运动。这种循环不是简单的循环，而是具有积累的效果。

3. 乘数作用和加速原理

乘数原理指出，在经济增长中投资对于收入有扩大作用，总投资量的增加可以带来若干倍于投资增量的总收入的增加。加速原理说明了在经济增长中收入或消费量的变化如何引起投资量的变动，即在工业生产能力趋于被完全利用时，消费品需求的微小增加就会导致投资的大幅增长。在经济增长的过程中，乘数作用和加速作用是同时存在的，并且相互发生作用，即投资的变动引起国民收入的成倍变动，国民收入的变动又会反过来影响投资的加速变动。[①]

在区域旅游发展过程中，由于受到资源、市场等因素的影响，旅游经济的增长往往集中于空间的几点，从而形成旅游经济增长极。文化作为旅游经济增长的重要因素之一，在区域旅游经济增长极的形成和扩散当中起着重要的作用：通过文化资源的保护开发与有效利用，能够有效促进文化旅游经济增长，形成文化旅游产业优势，同时旅游产业的发展又对文化进

---

① 李小建，李国平，曾刚，等. 经济地理学 [M]. 北京：高等教育出版社，2009：246.

行有效反馈，从而促进文化资源的保护，扩大地域文化的影响力，为基于地域文化资源的文化产业发展奠定基础，实现文化与旅游的有效互动与良性循环，不断促进旅游经济增长。

（二）文化资本理论

法国现代思想大师布迪厄（Pierre Bourdieu）在《资本的形式》中首次提出文化资本理论，认为资本可以表现为三种基本的形态：经济资本、文化资本和社会资本。其中文化资本又分为三种形式：具体的形式，即以精神或肉体持久的形式存在；客观的形式，即以文化产品的形式，如图片、书籍、辞典、乐器、机器等存在；体制的形式，即以一种客观的、必须加以区别对待的形式存在。具体化的文化资本可以通过家庭教育、学校教育、职业教育和生活工作经验获取；客观化的文化资本通过市场交换获取；体制化的文化资本是国家政策取向的结果。布迪厄认为具体化的文化资本是其他两种形式文化资本的基础。澳大利亚经济学教授戴维·思罗斯比（David Throsby）认为，文化资本是继物质资本、人力资本、自然资本之后的第四种资本。他根据文化价值和经济价值之间的关系，重新给出了经济意义上的文化资本的定义："文化资本是以财富的形式具体表现出来的文化价值的积累。""这种积累紧接着可能会引起物品和服务的不断流动，与此同时，形成了本身具有文化价值和经济价值的商品。"[①] 财富以有形或无形的形式存在，有形的文化资本常存在于被称为"文化遗产"的建筑、遗址、艺术品和油画、雕塑及其他以私人物品形式存在的工艺品中，它们可能作为私人或公共物品被消费掉，也可能应用于广告、旅游，或通过古迹利用，激励现代艺术家、建筑师、音乐家去创造新的物品和服务，其中包括新的文化资本。无形的文化资本包括一系列与既定人群相符的想法、实践、信念、传统和价值，常常以公共品的形式存在于公共领域，例如文学、音乐、戏剧等口头和非物质文化遗产。这些无形的文化财富同样会引起服务的流通，并形成一部分的私人最终消费，从而导致新的文化资本的出现。

在布迪厄看来，文化资本自身也可以看作是一种资本化的文化要素，

---

① 戴维·思罗斯比. 经济学与文化 [M]. 王志标，张峥嵘，译. 北京：中国人民大学出版社，2015：19.

具有增值的属性。文化资本的增值是通过生产和再生产的形式实现的，主要体现在文化资本与其他的资本形式相互作用和相互转换上。通过转化，文化资本使潜在的文化资源向文化资本转化，使可能性的文化资本向经济资本转换，实现了资源向资本的转换和转变。经过转换和交换，文化资本活化了文化资源，创造出新的价值，使文化资源实现了价值转移和促使文化资本发生增值，进而获取了更多、更大的物质和象征的利润。蔡尚伟认为："文化资本一方面以文化积累和财富的形式直接生产（产出）具有经济和社会价值的文化产品和财富；另一方面以智力投入、创意的形式融入生产过程之中，获得超出物质生产和精神生产物化形态的体验附加值、审美附加值、知识附加值、科技附加值等文化附加值。"[①] 随着社会的发展，人们的物质生活水平不断得到提高，可自由支配的时间也逐渐增多，因此对精神文化的需要更强烈。人们不再只停留在物质层面的占有，更多地追求精神层面的享受。所以，人们在购买其需要的商品时不再纯粹地追求其使用功能，而是更多地重视商品所包含的精神文化价值，注重的是能与人的心灵产生共鸣的价值观念。文化资本运作能激活显在的和潜在的文化资源，进而满足人们日益增长的精神文化需要，并促进文化的传承、创新和发展。

文化旅游是一种文化消费过程。旅游者通过购买文化旅游产品，进行文化体验，满足其自身文化需求，从而实现文化旅游的经济功能。旅游是文化资源的重要利用方式之一，在旅游产品开发过程中，政府或企业使用货币资本购入文化资源及生产资料、劳动力和相关配套设施等，此时文化资源转化为生产资本，在生产过程中，通过旅游开发和包装，文化资源变成一定增量的文化商品资本，即旅游产品。文化商品资本进入市场销售，即可转化为增值了的货币资本。与其他产业不同的是，文化旅游产业中的生产资料大多为一次性投入，多次重复使用。一般而言，区域文化资源往往由于较高文化因素的渗透而使商品的附加值以及在市场上实现其价值的可能性提高。然而在区域旅游市场中，高品质的文化并不完全意味着能够实现较高的经济价值，一些文化价值较高的旅游产品往往并不为市场所认可，因此，如何有效地利用文化资源实现资本价值、产生经济效益是文化

---

① 蔡尚伟，温洪良，等. 文化产业导论 [M]. 上海：复旦大学出版社，2006：106.

资本理论在旅游产业应用中的重要课题。

（三）空间结构理论

空间结构理论最早由德国学者施鲁特（A. Schluter）于 1906 年在关于人类地理的"景观论"思想中提出。经济学对空间结构的研究已经产生了大量有价值的成果。尽管旅游有其自身的特点，但是经济学，特别是空间经济学中关于空间结构的理论和研究方法为旅游空间结构的研究提供了一个可选择的方向。

1. 中心地理论

中心地理论是由德国地理学家沃尔特·克里斯塔勒（W. Christaller）在其著作《德国南部中心地原理》①中提出的。中心地是周围区域的中心，是指能够向周围区域的消费者提供各种商品和服务的地点。中心点可以是一个城市，也可以是一个镇或大的居民集聚点，还可以是一个商业或服务业的中心。中心地的中心性是指中心地对其周围地区的相对重要程度，也可理解为中心地发挥中心职能的程度；中心地提供的货物和服务有高低等级之分，中心地的等级取决于其能够提供的货物和服务的水平，一般能够提供高级货物和服务的中心地等级相对较高，反之则较低。

2. 核心边缘理论

核心边缘理论是 20 世纪 60 年代和 70 年代发展经济学研究发达国家和不发达国家之间的不平等经济关系时所形成的相关理论观点的总称，后来被引入区域经济的研究之中，融入了明确的空间关系概念，形成了解释区域之间经济发展关系和空间模式的核心边缘理论。其中，美国学者弗里德曼（Milton Friedmann）在 1966 年出版的《区域发展政策》一书中提出的核心边缘理论较具代表性。弗里德曼认为，因多种原因在若干区域之间会有个别区域率先发展起来而成为核心，其他区域则因发展缓慢而成为边缘。核心与边缘之间存在着不平等的发展关系。总体上，核心居于统治地位，而边缘则在发展上依赖于核心。核心对边缘之所以能够产生统治作用，原因在于核心与边缘的贸易不平等，经济权力因素集中在核心，同时，技术

---

① 沃尔特·克里斯塔勒. 德国南部中心地原理[M]. 常正文，王兴中，等译. 北京：商务印书馆，2010.

进步、高效的生产活动，以及生产的创新等也都集中在核心。核心依靠这些方面的优势而从边缘获取剩余价值。对于边缘而言，核心对它们的发展产生压力和压抑，其自发性发展过程往往困难重重。更重要的是，核心与边缘的这种关系还会因为推行有利于核心的经济和贸易政策，边缘的资金、人口和劳动力向核心流动而使核心得以强化。弗里德曼对核心与边缘关系的进一步研究指出，核心的发展与创新有很大的关系：在核心存在着对创新的潜在需求，使创新在核心不断发生。

3. 点轴系统理论

我国著名经济地理学家陆大道在点轴系统研究中做出了重大贡献。他的研究表明，区域空间结构是由点、轴两种基本要素构成的。所谓"点"，就是各级中心地，即区域内的各级中心城镇。在性质和功能方面，"点"包括了居民点、生产地、运输枢纽、商贸场所、能源生产和供给枢纽等多种类型。在规模方面，"点"既可以是小乡镇，也可以是大城市。所谓"轴"，则是若干不同级别的中心城镇在一定方向上连接而形成的相对密集的人口和产业带。它不仅仅是若干中心城镇之间的联络线，而且是一条社会经济密集带。"轴"可以称为轴线、开发轴线、发展轴线，或者称为开发轴、发展轴。若干"点"与"轴"依据一定的空间关系和等级体系组合就形成了点轴系统。依据点轴空间结构模式，陆大道在20世纪80年代末提出了我国国土开发和经济布局的空间结构战略，[①]指出应该把东部沿海地带和长江沿岸地带作为我国国土开发和经济布局的战略重点。

旅游空间结构是旅游系统的空间表达。由于在旅游空间结构研究中将客源市场的空间区位作为一个既定的前提，因此旅游空间结构实质上就是旅游生产体系的空间投影，其反映的是不同地区旅游发展绩效的差异。旅游空间结构主要表现为两种形式：第一，旅游的空间集聚，即食、住、行、游、购、娱等旅游相关部门高度集聚在部分地区，具体表现为旅游热点地区与冷点地区间的差异。第二，旅游的区域分工，即不同地区专注于不同种类旅游产品的生产，具体表现为旅游热点地区间的差异。由于资源、市场等旅游发展要素的差异，区域旅游发展也会呈现出不同程度的空间结构，

---

① 陆大道. 空间结构理论与区域发展 [J]. 科学，1989（02）：108–111，159.

出现旅游中心城市、旅游边缘城市，出现旅游发展轴线、旅游发展节点，等等。本书对于空间结构的研究主要为第一种形式，基于空间结构的理论方法，着重对区域文化资源的空间分布结构、旅游经济发展的空间差异结构进行研究。

（四）系统耦合理论

耦合（coupling）是个物理名词，原意是指两个或两个以上的电路元件或电网络的输入与输出之间存在紧密配合与相互影响，并通过相互作用从一侧向另一侧传输能量的现象。概括地说，耦合就是指两个实体相互依赖于对方的一个量度，按从弱到强的顺序可分为以下几种类型。

①非直接耦合

模块间没有信息传递时，属于非直接耦合。

②数据耦合

模块间通过参数传递基本类型的数据，称为数据耦合。

③标记耦合

模块间通过参数传递复杂的内部数据结构，称为标记耦合。此数据结构的变化将使相关的模块发生变化。

④控制耦合

一个模块在界面上传递一个信号（如开关值、标志量等）控制另一个模块，接收信号的模块的动作根据信号值进行调整，称为控制耦合。

⑤公共耦合

两个以上的模块共同引用一个全局数据项就称为公共耦合。

⑥内容耦合

当一个模块直接修改或操作另一个模块的数据，或者直接转入另一个模块时，就发生了内容耦合。此时，被修改的模块完全依赖于修改它的模块。

系统耦合是由耦合衍生而来的概念，用于表达系统之间及其运动方式的联结程度，具有联结、配合的含义。按照耗散结构理论，区域自组织发展系统各子系统的交互耦合过程是一个动态涨落过程，其时间组织性决定了该耦合系统是一个演变的动态演化系统，演变的重要机制是偶然性的随机涨落。当组成系统的要素能够促进系统功能充分发挥时，子系统的关系被称为系统耦合，如果组成系统的要素导致系统的功能降低甚至消失时，子系统的关系则被看作是系统相悖。在自然界当中，每一种系统都是在不停地变动着，总是在平衡状态下左右浮动着，绝对的平衡是永远找不到的。系统耦合实质上就是多个系统在一定的条件下形成新的高级系统——耦合系统的系统进化过程。

借鉴系统科学相关理论，可以认为区域文化资源与旅游经济相互作用构成了耦合系统。区域文化是指区域在社会发展过程中所创造的物质财富和精神财富的总和，涉及社会生活的方方面面，其内容和范围难以界定。区域文化资源是区域文化的载体，是凝结了人类无差别劳动成果的精华和丰富思维活动的物质和精神产品或者活动，包括历史人物、文物古迹、民俗、建筑、工艺、宗教信仰、语言文字、戏曲等。区域文化资源与旅游经济耦合系统是一个动态的演化系统：文化资源通过旅游开发促进旅游经济增长，旅游经济发展对于区域文化又有积极的反馈作用，其作用过程受到外部多种因素影响。借助于系统耦合的理论与方法，能够有效地分析区域文化资源与旅游经济的内部作用路径与外部因素影响机理，从而有助于区域文化资源与旅游经济耦合机制理论模式的建立。

（五）规模经济理论

规模经济理论作为经济学的基础理论之一，揭示了企业为何需要通过扩张、产业为何需要通过集聚实现成本的下降和效益的提高。诺贝尔经济学奖获得者美国学者保罗·A.萨缪尔森（Paul A. Samuelson）在《经济学》一书中指出："生产在企业里进行的原因在于效率通常要求大规模的生产、筹集巨额资金以及对正在进行的活动实行细致的管理与监督。"[①]

从传统的成本理论来看，伴随企业规模的扩大，产业的不断积聚，其产业链的上下游企业以及它们内部的生产、运输、交易等成本也将由于规模效益的存在而降低，并在新的生产规模上实现新的均衡。因此，"规模经济"也被称为"规模收益递增"，其核心逻辑就是企业产出水平的增加，导致其平均成本下降，表示为在以产出规模为 x 轴的坐标系上，平均成本

---

① 保罗·萨缪尔森，威廉·诺德豪斯. 经济学（第19版）[M]. 萧琛，译. 北京：商务印书馆，2014：39.

曲线向右下倾斜，同时受边际成本效益的影响而趋向于平行，具体如图1-1所示。[①]

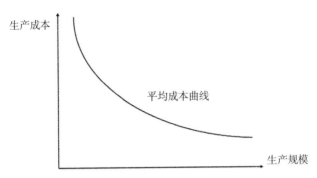

图1-1 规模经济下的平均成本

从上述理论可以看出，产业间关系结构的每一步变化，都和规模经济有关。我国旅游业与文化产业作为服务业的重要组成部分，经历了近30年的飞速发展，其充满活力而又竞争激烈的市场需求为这两个具有高度相关性的产业领域带来"井喷式"的规模经济增长。这种源自市场内生性的规模经济增长动力，解释了我国文化和旅游产业的融合方式，是不同于传统工业领域先由技术融合所推动的产业融合模式，而是先由市场主体层面的需求拉动，进而反向带动了供给层面的资源融合。

（六）新资源理论

新资源理论作为系统性的资源经济理论，最早是由我国学者白钦先[②]提出，后继由陆家骝和林晓洁[③]、白钦先和杨涤[④]等学者进行了拓展，其核心理论体系构建就是对传统经济分析中资源理论体系的延伸。古典经济理论中将资源局限于土地、资本和劳动这些基本要素的范围，并且这里的资源多是指自然资源。而在现代经济增长资源因素的经济分析中，以索洛（Robert

① STEVEN BRAKMAN, HARRY GARRETSEN, CHARLES VAN MARREWIJK. An Introduction to Geographical Economics: Trade, Location and Growth[M].New York: Cambridge University Press，2004：27.

② 白钦先. 政策性金融论 [J]. 经济学家，1998（03）：81-89.

③ 陆家骝，林晓洁. 新经济资源观与我国新世纪发展的资源策略 [J]. 学海. 2000（02）：54-60.

④ 白钦先，杨涤. 新资源要素和经济增长发展理论[J]. 中国人口·资源与环境，2001，11（04）：5-8.

M. Solow）为代表的新古典经济增长理论发现了技术进步对现代经济增长的重要贡献，从而让资本、劳动和技术成为增长的直接来源，这种资源理论虽然将资源要素拓展到了技术进步的层面，但仍然属于传统的三要素构造体系。新制度经济学派在借助新古典经济理论的基础上，更加系统地论述了制度作为经济增长的内生因素对经济发展的重要作用，从而将制度因素纳入了资源要素的范畴。伴随着制度因素与经济增长关系的研究，一些学者分别从产权、法制、政策、合同效力等方面拓宽了制度因素的内涵，直到保罗·罗默（Paul M. Romer）将知识（技术进步）作为内生变量纳入新古典经济增长的模型，从而提出了新经济增长理论。20 世纪以来，新经济增长理论中以技术进步为核心的知识创新在实践层面对于经济增长的作用日趋明显，同时，人力资本作为一种知识的实现载体，成为传统三要素之外的又一资源维度，生产的三要素开始拓展为资源的四要素。但是，伴随着越发快速的技术更迭与模式创新，无论是固有的三要素还是四要素传统资源理论，都面临时代发展的全新挑战。因此，新资源理论需要把诸如制度、人力资本、知识、信息、金融、思想、文化等资源要素统一进经济分析中来。图 1-2 描述了资源观的变迁趋势。

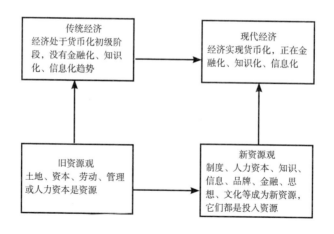

图1-2 资源观的变迁趋势[①]

---

① 白钦先，杨涤. 21 世纪新资源理论——关于国民财富源泉的最新研究 [M]. 北京：中国金融出版社，2006：21.

借助新资源理论的理论框架和脉络梳理，可以让本书在以下几个方面得以明确。

第一，新资源理论为文旅融合产业资源的维度选取奠定了理论基础，传统旅游资源维度和文化资源维度都偏向于传统产业经济分析框架中的"自然属性"及"物力属性"，而借助新资源理论分析框架，对于主体性资源和发展性资源的拓展，补充了规模经济作用下文旅融合产业资源的理论内涵。

第二，由于不同区域文旅融合产业资源中的条件性资源要素属于长期性基础要素，难以在其他区域复制提升或短期提高，这势必造成各区域文旅融合产业资源在基础性因素层面的天然差异，继而导致不同区域文旅产业融合发展的马太效应，但这又与各地区的客观发展现实不符。引入主体性、发展性的资源要素维度之后，便从理论层面上解释了为何一些条件资源相对稀缺的地区反而在文旅融合产业的发展水平上较基础资源富集地区可能更高。

第三，区域内不同维度的文旅融合产业资源，其不仅是形成区域内文旅融合产业资源的组成部分，也是加速区域内文化和旅游产业有机融合、协调发展的关键所在，甚至是造成区域内及区域间文旅融合产业发展不协调的重要原因。

（七）资源基础理论

资源基础理论的建立，源于战略管理研究领域内对影响企业卓越绩效原因所给出的两种解释，即"市场势力解释和效率解释"[①]。资源能够成为持续竞争优势的四个基本属性，分别为有价值性、稀缺性、不可能被完全模仿以及组织流程。图1-3展示了资源异质性、非流动性和持续竞争优势三者间的关系。

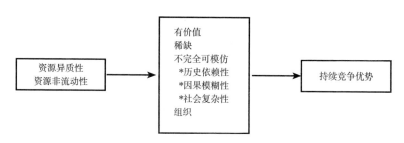

图1-3 资源异质性、非流动性、持续竞争优势三者关系[1]

从上述对资源基础理论的脉络梳理来看，传统企业经营视角的资源基础理论主要回答了两个核心问题，即什么是企业的资源以及基于资源配置效率的企业竞争优势来自哪里。当前，我国正在经历有史以来最大规模的经济结构调整，文化产业和旅游产业在各自领域的发展模式、路径选择与竞争态势上，都可以看作是两个产业内企业竞争优势的再挖掘与再梳理过程。因此，从文旅产业融合已经进行并且正在不断变化的演进过程来看，这种基于需求层面所推动的产业融合，可以看作是资源基础理论在具体产业形式内的资源维度判定与资源配置效率的两个核心问题：什么是文旅融合产业的资源，基于资源视角的文旅融合产业在区域层面的竞争优势来自哪里。因此，资源基础理论为对文旅融合产业资源端的评价体系构建及效率测度提供了重要的理论基础，同时也为本书进一步分析文旅融合背景下文化产业与旅游经济的协调发展提供了重要的研究范式与逻辑框架。

（八）嵌入式理论

嵌入式系统的集成化、系统性思想在其发展演变过程中逐渐被引入了社会科学的研究之中。如在社会学领域，郝亚民[2]基于嵌入式理论，深入探讨了我国民族社会融合中的嵌入式结构问题，并进一步基于族际居住格局的调整，探讨了嵌入式社区环境在中国的探索性应用。[3]在政治学领域，丁

① 杰伊·B. 巴尼，德文·N. 克拉克. 资源基础理论——创建并保持竞争优势 [M]. 张书军，苏晓华，译. 上海：上海人民出版社，2011：39.

② 郝亚明. 民族互嵌式社会结构：现实背景、理论内涵及实践路径分析 [J]. 西南民族大学学报（人文社会科学版），2015，36（03）：22-28.

③ 郝亚明. 族际居住格局调整的西方实践和中国探索——兼论如何建立各民族相互嵌入式社区环境 [J]. 民族研究，2016（01）：14-26.

远朋[①]、吴晓霞[②]、唐文玉[③]分别借助嵌入式理论探讨了不同社群团体中的党群关系、党组治理以及基层协商民主治理等问题。在图书情报学方面，张翔[④]、刘颖[⑤]、杨蔚琪[⑥]、李桂贞[⑦]等人基于嵌入式理论从不同角度探讨了嵌入式学科服务的内涵、模式及发展思路。在经济学与管理学领域研究中，许小虎[⑧]首次在企业网络结构分析中，引入了嵌入式演进概念。卢志平、赵紫娟[⑨]基于帕维特产业分类，对比分析了顾客需求影响下的嵌入式与混入式服务类型。在产业经济方面，郭晓鸣、廖祖君、张耀文等[⑩]借助嵌入式理论分析了企业在扶贫产业链中的参与路径问题，并给予企业层面的扶贫案例分析，进一步阐述了有关产业链嵌入式扶贫模式的内涵、机理以及发展路径。以上研究，从不同学科领域拓展了嵌入式理论的内涵及理论深度，并让笔者发现嵌入式理论对于文旅融合产业的作用机制与内在动力系统方面有可以借鉴的理论依托。

　　嵌入式理论在本书中的应用主要体现在两个方面：一方面是在文旅融合产业的形成机制上，引入嵌入式理论可以明确文化产业与旅游产业两者

① 丁远朋. 嵌入式治理：政党与社会关系视阈下的党组研究 [J]. 理论与现代化，2017（02）：43-48.

② 吴晓霞. 论基层协商民主的"嵌入式发展"——基于国家与社会关系范式的本土分析框架 [J]. 社会科学家，2018（02）：72-75.

③ 唐文玉. 借力于政治的嵌入式发展——"党社关系"视域中的民办社会组织发展考察 [J]. 华东理工大学学报（社会科学版），2019，34（04）：46-56.

④ 张翔. 基于 SERVICE 的嵌入式学科服务营销——武汉大学图书馆学科服务探索 [J]. 大学图书馆学报，2011，29（05）：73-76.

⑤ 刘颖. 嵌入式学科服务创新模式研究——基于嵌入性理论的思考 [J]. 图书情报工作，2012，56（01）：18-22.

⑥ 杨蔚琪. 嵌入式学科服务：研究型大学图书馆转型发展的新思路 [J]. 情报资料工作，2012（02）：88-92.

⑦ 李桂贞. 泛在知识环境下高校图书馆嵌入式学科服务模式探究 [J]. 图书馆工作与研究，2013（03）：30-32.

⑧ 许小虎. 企业网络的结构解析和纵向的嵌入式演进 [J]. 技术经济，2005（10）：51-54.

⑨ 卢志平，赵紫娟. 顾客需求如何影响嵌入式、混入式服务转型——基于帕维特产业分类 [J]. 武汉商学院学报，2018，32（05）：28-34.

⑩ 郭晓鸣，廖祖君，张耀文. 产业链嵌入式扶贫：企业参与扶贫的一个选择——来自铁骑力士集团"1+8"扶贫实践的例证. [J] 农村经济，2018（07）：1-8.

融合过程中的主体地位；另一方面是在区域文旅融合产业资源体系的构建过程中，借助嵌入式理论为文旅融合产业资源体系的维度层和因素层分析提供理论支撑。在文旅融合产业发展中，在文旅融合产业的内生关系中，旅游业应该是以文旅融合产业的基底性业态、文化产业以及其他产业中的相关因素，借助不同的动力机制，有机嵌入以旅游业为基底业态的各维度要素体系之中，并在融合发展的过程中，旅游业已经完全转变并入文旅融合产业体系之中。而文化产业链的部分产业形态以及其他相关产业的要素体系也在这一过程中融入文旅融合产业系统之中，但同时现有文化产业中一些文化公益性业态、文化生产类业态，仍然归属于文化产业的范围。正是基于这种多产业的要素嵌入式融合机制，才使得文旅融合产业在形成与发展过程中，实践了宜融则融、能融尽融的发展理念。

二、文旅融合背景下文化产业与旅游经济互动发展的现实依据

（一）协调发展的可能性分析

1. 从产权视角界定文化旅游资源

旅游资源的产权问题一直是业界讨论的焦点，要清楚旅游资源的产权问题，必须从旅游资源如何分类着手。旅游资源是指"凡是能够造就对旅游者具有吸引力环境的自然事物、文化事物、社会事物或其他任何客观事物"[1]。保继刚等认为旅游资源包括一切具有吸引力的自然存在、历史文化遗存以及人工创造物。[2]旅游资源的定义为文化旅游资源的产权界定提供了思路，文化旅游资源可以分为不可再生性资源和可再生性资源，如风景名胜区、世界遗产等文化旅游资源无法再生，而如文化创意园区、文化演艺业等，则可以通过创新不断再生。

按照我国相关法律法规的规定，风景名胜资源属于国家所有，所以世界遗产等不可再生的文化旅游资源，均属于国家所有，政府经营。事实上，

① 李天元. 旅游学 [M]. 北京：高等教育出版社，2002：64.

② 保继刚，等. 区域旅游经济影响评价：模型应用与案例研究 [M]. 天津：南开大学出版社，2010：27.

旅游学者对旅游资源的产权争论不绝于耳，旅游资源作为涉及多方利益相关者的集合，被分割是注定的。旅游资源的产权经历了从"政企不分"到所有权、经营权及管理权的"三权分立"再到权利的协调配置。[①]

根据以上分析思路，可以把文化旅游资源分类及产权归属关系明确，为文化旅游和城市经济的协调发展厘清方向，即针对不同的文化旅游资源，城市经济协调发展的方式和路径不同。对于可再生性资源，由于可创造性及再生性，可以交由市场运作，由企业或者企业集团进行市场化运作模式，不断创新，为城市经济发展提供动力；对于不可再生性资源，由于资源的独一无二和不可再生性，属于准公共物品的范畴，大多属于国家和政府所有，就不能采取市场化运作模式。

2. 从空间视角界定协调发展的区域

空间经济活动是经济地理学研究的主要内容，新经济地理理论强调区域的长期增长与空间聚集的关系，认为当资本外部性及劳动力的迁移通过区域整合增加时，将会出现大规模的空间聚集，富裕中心与较差的边缘区之间的差距加大。约翰·弗里德曼（Friedmann J. R.）提出的核心－边缘理论及与空间规划相关的理论体系，已成为指导发展中国家空间发展规划的重要依据。他认为在空间系统中，包括核心区域和外围区域，核心区域是创新能力高、变革较快的地域子系统，外围区域由对核心区域依附关系的高低决定。整个系统中，核心区域处于绝对支配地位。

佩鲁（Francois Perroux）提出的增长极理论认为，区域内那些具有创新技术和能力的企业的集中会推动区域经济进步，且这些企业相比于其他企业占据主动和支配地位，具有技术推进企业的形成需要的一定的环境。核心－边缘理论和增长极理论都为文化旅游和城市经济的协调发展提供了思路，为区别研究城市文化旅游区域提供了基础，即从经济运行规律来讲，再生性文化旅游资源可进入城市经济的发展系统，不可再生性文化旅游资源是准公共物品，不能由市场规律来决定。余洁将遗产保护区的空间区域

---

① 贺红权，刘伟. 我国旅游资源产权制度的演进趋势及启示——基于一个文化古镇背景模型的分析 [J]. 中国软科学，2007（12）：66-72.

划分为可发展区与受限制区，这也提供了区别对待文化旅游资源的思路。[①]

通过以上理论分析，可以认为文化旅游的发展可以按照空间区域的特点来进行，把文化旅游区域分为不可再生资源区域以及可再生资源区域，那么，不可再生区域由于资源的稀缺性和不可再生性，成为限制发展区，该区域内着重进行资源保护，减少经济活动，控制游客流量，所以也成为城市经济发展的边缘区域。对于可再生资源来说，由于资源的可再生性和创新性，可进行产业发展，通过产业集聚，从而成为城市的增长极，为城市 GDP 增长、产业结构优化提供动力，从而助力于城市经济发展，为文化旅游和城市经济协调发展提供可能性（见图1-4）。这在许多城市发展的实践中已经取得了成功，如西安的曲江新区就是借助区域内的文化旅游资源，主打文化品牌，打造曲江新区的文化形象，成为西安经济发展的一大增长区域，为西安城市经济的发展做出了巨大贡献。

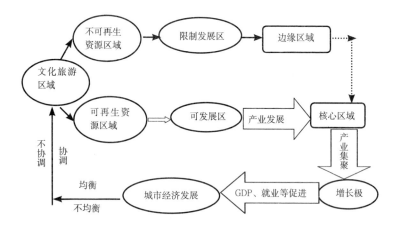

图1-4 文化旅游的空间布局与城市经济发展

3. 外部性视角界定协调发展的目的

外部性是古典经济学和现代化制度经济学研究的主要内容之一，是指一种向他人施加不被感知的成本或效益的行为，或者说是一种其影响无法

---

① 余洁. 遗产保护区的非均衡发展与区域政策研究——以西安大遗址群的制度创新为例[M]. 北京：中国经济出版社，2012：36.

完全体现在它的市场价格上的行为，分为正外部性和负外部性。[①]马歇尔（Marshall A.）将外部经济（external economies）定义为"某些类型的产业发展和扩张是由于外部经济降低了产业内的厂商的成本曲线"[②]。关于外部性的分类也较丰富，此处仅借鉴外部性关于影响效果的两种分类：正外部性和负外部性。正外部性是指某个经济行为主体的活动使他人或社会受益，而受益者又无须花费代价；负外部性是指某个经济行为主体的活动使他人或社会受损，而造成这种后果的经济行为主体却没有为此承担成本。[③]外部性理论在解释部分公共物品方面，具有强烈的说服力，凡是外部性存在的地方，均是无法用市场机制和市场规律调控的，所以必须引进政府管制。政府的作用在外部性的管理中效果明显，如通过征收税款、管理费等手段达到控制外部性的目的。

用外部性理论来解释文化旅游和城市经济的关系是可行的。文化旅游对于城市经济的正外部性在于：文化旅游资源的存在和开发对于增加城市的知名度，提升城市形象有作用，如世界遗产——兵马俑景区的存在，让西安在国内外的知名度提升较快，而在华清池上演的《长恨歌》等文化旅游资源的挖掘和开发，间接地提升了西安的城市形象，从而有助于西安的对外招商引资等活动，助力于城市经济的发展。同时，城市经济的发展，提供了城市基础设施建设、人才引进、科学技术发展等的资金支持。

随着文化旅游资源的开发，也会给城市经济带来负的外部性，如游客涌入对于城市环境的破坏，交通拥堵以及过度依赖旅游业导致的城市经济不平衡等问题。文化旅游资源的过度开发会出现代际外部性，即前人的旅游开发对于后代子孙的影响——过度的旅游开发会使后代子孙失去享受公共遗产的权利。对于遗产资源的旅游开发所产生的外部性到底是经济的还是不经济的，由其开发的空间位置及开发程度所决定，在一定范围内是经

① 保罗·萨缪尔森，威廉·诺德豪斯. 微观经济学 [M]. 萧琛，译. 北京：人民邮电出版社，2012：247.

② MARSHALL A.Principles of Economics[M]. London: Macmillan，1920：59.

③ 朱善利. 微观经济学（第二版）[M]. 北京：北京大学出版社，2001：290.

济的，但超过了一定限度就会主要表现为不经济。①

（二）文化旅游与城市经济协调发展的现实基础

1. 我国城市文化旅游发展的主要形式

纵观我国几十年的旅游业发展，经历了从粗放式向集约式、从数量式到质量式、从追求经济效益到游客体验的发展历程，而旅游体验的实质是追求文化体验，所以从广义来讲，我国的城市旅游发展，均属于城市文化旅游的范畴。

中国是世界四大文明古国之一，历史悠久，文化遗产丰富，拥有众多世界遗产和文化旅游资源，我国文化旅游典型城市较多，且特色鲜明，诸如北京是世界遗产最多的城市，杭州被称为"天堂城市"，济南被誉为"世界泉水之都"，西安是世界四大古都之一，成都称为"休闲之都"，丽江是纳西文化和世界遗产城市，曲阜被誉为"孔子故里、东方圣城"。相对来说，东部沿海城市的文化旅游发展水平较高，如上海、杭州、南京等城市，西部城市文化旅游发展水平较低，但是西部城市中也有个别城市是我国文化旅游产业发展的佼佼者，如成都。从目前来看，我国城市文化旅游主要的形式有文化遗产旅游、文化旅游创意园区、民族民俗文化旅游、红色文化旅游、影视旅游、旅游演艺业、宗教文化旅游、非物质文化遗产旅游等。

（1）文化遗产旅游

文化遗产是具有较高历史文化科学价值的文物、建筑和遗址，按照联合国教科文组织对于文化遗产的分类，可以分为物质文化遗产和非物质文化遗产。物质文化遗产以实物形式呈现，如古遗址、古建筑、寺庙、壁画、艺术品、图书资料等；非物质文化遗产是无法用实物呈现的，如方言、口技、艺术表演、礼仪节庆以及文化空间等。事实上，我国的旅游业在发展之初，均是围绕世界遗产所在的城市而进行的，而文化旅游发展大多也是建立于文化遗产城市的基础上，如西安、成都、昆明、北京等城市的文化旅游发展均源于该城市的文化遗产资源。当然，也不能把诸如深圳等虽不拥有文化遗产，但由城市的现代文明和创意产业衍生出来的文化旅游排除在外。

---

① 余洁. 遗产保护区的非均衡发展与区域政策研究——以西安大遗址群的制度创新为例 [M]. 北京：中国经济出版社，2012：66-67.

（2）文化旅游创意园区

在我国文化旅游迅速发展的今天，如何挖掘可再生文化旅游资源的内涵和潜力，创造新的文化旅游产品形式，是当前亟待解决的问题。文化旅游创意园区就是契合当前时代背景而产生的文化旅游形式。虽然"文化旅游创意产业园区"这个名词未得到权威认定，但这种园区（基地）模式发展迅速。在城市文化旅游发展的同时，为了避免城市的同质化，需加注创意的元素，才能凸显城市的文化个性。创意产业带动文化旅游产业的发展，文化是创意的灵魂。

综合各研究文献，笔者认为文化旅游创意园区包括主题公园、影视基地、文化艺术园区、节庆演出基地、时尚新兴街区，如北京怀柔影视基地、什刹海文化旅游区、横店影视基地、华侨城 LOFT 创意园区、西安的曲江文化产业园、上海 8 号桥艺术区、国家动漫游戏产业振兴基地、《印象·刘三姐》实景演出基地等。

文化旅游创意园区在我国的发展目前还处于初级阶段，大部分地区还在摸索，虽然各地都在建设文化旅游创意园区，但是成功者并不多见：或者对地方文化的挖掘还不够，或者产品的体现形式还有待多样化。比较成功的案例有西安的曲江临潼文化产业园区、甘肃的兰州国家高新技术产业开发区创意文化产业园。

（3）民族文化旅游

我国是多民族国家，拥有 56 个民族，城市成为聚集和弘扬少数民族文化的主要地区，或者作为民族文化旅游区的交通枢纽，或者城市本身作为民族文化的旅游区，事实上，我国的旅游业大致兴起和繁盛于民族文化、历史和遗产文化。可以说，民族文化旅游是我国城市文化旅游发展的基础之一，文化旅游是民族文化与旅游产业融合发展形成的新兴综合性产业。

我国城市民族文化旅游的发展经历了景区建设、产品开发、资源保护和创意开发等阶段。民族区域的文化旅游是我国旅游的特色与亮点，云南、广西、西藏、新疆等地区均是民族文化的聚集地，同时也是文化旅游的特色地。将民族文化旅游与当地城市经济综合考虑开发，也是少数民族地区实现脱贫致富的有效途径，但是考虑到民族文化保护和民族地区的可持续发展，在文化旅游的开发程度上需要把好关。

（4）红色文化旅游

中国作为红色文化的代表国家，红色文化旅游发展独具特色，红色文化旅游突出展示了社会主义革命在中国的发展历程。红色文化旅游是主要传播社会主义精神和革命历史精神的旅游形式，具有极大的教育意义。张河清、陈宁英认为红色旅游城市是指红色旅游资源丰富，基础设施建设良好，具有优越的红色旅游基础背景和广阔的红色旅游发展前景的城市[①]。延安、遵义、广安、瑞金、韶山、井冈山是中国红色文化旅游发展时间较早、发展成绩较显著的几个城市。刘红梅认为红色文化旅游在我国发展大致经历了几个阶段：革命旅游纪念地（纪念物）开始修缮和管理阶段（1949—1978 年）；革命旅游纪念地向革命传统教育基地转变阶段（1978—1995年）；爱国主义教育基地设立并向红色旅游景点、景区过渡阶段（1995—2004 年）；红色旅游发展由自发向自觉转变阶段（2004—2010 年）；红色旅游发展质量提升阶段（2011 年至今）。[②]

目前来说，城市红色文化旅游发展更加趋向于区域合作和产品形式的多样化，如多个城市推出的红色旅游线路。

（5）影视旅游

影视旅游，是由于在荧屏和银幕上播出与某旅游目的地有关的影视作品，而使得旅游目的地的吸引力和知名度提升导致的旅游活动。[③]刘滨谊等给出了国内较为权威的定义，即影视旅游是以影视拍摄、制作以及相关的事物为吸引物的旅游活动。[④]

影视旅游可以按照发展模式分为影视传播旅游，包括影视外景地旅游、影视故事发生地旅游、影视文化旅游，以及影视提供旅游内容，包括影视拍摄制作基地旅游、影视主题乐园旅游、影视节庆旅游三大类。[⑤]笔者认为影视旅游包括两种城市：一种是本身的影视业发达，带动城市的知名度很

---

① 张河清，陈宁英. 红色旅游城市的市场竞争态分析——以 6 大红色旅游城市为例 [J]. 旅游学刊，2008（11）：26-29.

② 刘红梅. 红色旅游与红色文化传承研究 [D]. 湘潭：湘潭大学，2012：73-93.

③ 吴必虎. 区域旅游规划原理 [M]. 北京：中国旅游出版社，2001：254.

④ 刘滨谊，刘琴. 中国影视旅游发展的现状及趋势 [J]. 旅游学刊，2004（06）：77-81.

⑤ 吴金梅，宋子千. 产业融合视角下的影视旅游发展研究 [J]. 旅游学刊，2011，26（06）：29-35.

高，随之带来游客和旅游业的发展，比如好莱坞；另一种是由于某影视剧或者电影讲述的故事发生地，使得某城市名声大噪，游客大量涌入，比如《大明宫》《大唐芙蓉园》等影视剧的播出使得西安名声大增，吸引了国内外众多游客。

我国影视旅游的发展始于 1987 年央视无锡影视城的建成。之后，广东中山、无锡太湖、宁夏镇北堡、浙江横店纷纷建立影视城，大大小小的影视城在全国迅速呈遍地开花之势。而目前中国最具代表性的两个影视城当属中央电视台无锡影视基地和横店集团横店影视城。

（6）旅游演艺业

旅游演艺业有几个特点：旅游演艺的活动范围在旅游景区内；旅游演艺的意图在于吸引游客，尤其是外地旅游者；旅游演艺有专业演职人员以及特定的演出场地（含山水实景、剧院、酒店、大型广场等）；旅游演艺的演出内容应与本地区的主流历史文化相结合。旅游演艺业是文化旅游最重要的表现形式之一，也是景区摆脱门票依赖的主要方式，是景区文化挖掘和展示的主要方式。高回报率和快回收率成为近年来各大旅游目的地争相推出代表性文化旅游项目的原因。短短数年之内，旅游演艺成为旅游业可持续发展的强劲助力，丰富了旅游的文化内涵，提升了旅游的品质和附加值。在我国，旅游演艺业的发展经历了以下几个发展阶段。

初级发展阶段：中国的旅游演艺形式最早出现在 20 世纪 80 年代，为了增加旅游产品的外延，消除国外游客对中国旅游"白天看庙，晚上睡觉"的单调印象，西安唐乐宫的《仿唐乐舞》为首作，但是由于计划经济体制影响等原因，当时的目的并不是为了接待大众游客，而是接待国家元首和政府官员。

快速发展阶段：随着华侨城旗下的中国民俗文化村于 1995 年 7 月推出的《中国百艺晚会》、世界之窗于 1995 年 12 月推出的《欧洲之夜》以及宋城景区于 1997 年 3 月推出的《宋城千古情》等旅游文化演艺节目陆续开始公演，我国旅游文化演艺行业逐渐步入了繁荣发展的时期。

百家争鸣阶段：近几年，旅游实景演出和主题公园特色演出掀起了旅游演艺的热潮。2004 年由著名导演张艺谋执导的大型山水实景演出《印象·刘三姐》在桂林阳朔推出，仅在 2018 年就演出了 697 场，观众达

830 万人，演出收入逾 6.6 亿元。在宋城主题景区中，1997 年打造的《宋城千古情》，使之成为进入旅游演艺领域较早、也是文化产业成功运作的典范，年演出 1300 余场，在旅游旺季每天演出可达 10 场。在此之后，国内旅游景区掀起了推出演艺实业的热潮。到目前为止，几乎每个旅游地都会推出各种形式的旅游演出。

（7）宗教文化旅游

宗教旅游是一种以宗教朝觐为主要动机的旅游活动。自古以来世界上三大宗教（佛教、基督教和伊斯兰教）的信徒都有朝圣的历史传统。我国具有五千年文明的历史，灿烂的中国文化与宗教文化共同发展，在我国的文化旅游资源中，宗教文化旅游占据了近三分之一的比重，是重要组成部分之一。城市既是宗教文化旅游资源的集中地，也是宗教文化的弘扬地，还是宗教文化旅游资源的交通枢纽。宗教和历史文化成为城市遗产的主要组成部分。

（8）非物质文化遗产旅游

非物质文化遗产是指各族人民世代相承、与群众生活密切相关的各种传统文化表现形式（如民俗活动、表演艺术、传统知识和技能以及与之相关的器具、实物、手工制品等）和文化空间（即定期举行传统文化活动或集中展现传统文化表现形式的场所，兼具空间性和时间性）。非物质文化遗产包括：口头传统，包括作为文化载体的语言；传统表演艺术；民俗活动；礼仪；节庆；有关自然界和宇宙的民间传统知识和实践；传统手工艺技能；与上述表现形式相关的文化空间。非物质文化遗产是某个民族或区域的文化沉淀，饱含着人们的无限情感与生命感动，是传统而真实的文化再现与历史华彩。[①]

我国非物质文化遗产的评定分为联合国认定的世界级非物质文化遗产代表作名录和国务院评定的国家级非物质文化遗产及非遗代表项目的继承人，到目前为止，我国是拥有世界级非遗项目最多的国家。事实上，非物质文化遗产旅游一直是国际上争议比较大的话题：有学者呼吁保护非遗，

---

① 孙梦阳，石美玉. 非物质文化遗产游憩者动机及其市场细分研究[J]. 旅游学刊，2012，27（12）：95-102.

才能使得非遗较好地传承；有学者认为开发才能使非遗更好地传承；也有学者认为保护性的开发才是非遗传承的最佳方法。

2. 我国城市文化旅游发展的主要特征

（1）文化与旅游融合趋势明显

随着我国旅游产业的飞速发展，旅游产业的规模和收益实现稳步扩增，我国成为世界出境游和入境游的大国之一。博大精深、源远流长的历史文化及其表现形式成为我国旅游业得以飞速发展的最大动力。而随着我国文化产业的不断发展，城市文化产业价值也获得了极大的提升。

我国文化和旅游的融合趋势也在进一步加强，尤其是在城市文化旅游产业发展方面，两者之间逐步走向更加深入的融合，并取得重要经济成果。具体体现在：一是在全国范围内的主要城市兴建了能够鲜明代表我国传统文化和现代文化理念的主题公园，例如锦绣中华。这些主题公园以城市为中心，能够代表我国区域特殊文化资源，吸引大批中外游客，构建旅游产业新的经济增长点。二是构建以城市为中心的独特旅游城市目的地，例如云南大理倡导体验式、别具一格的民族风情旅游，实现城市文化和旅游产业的深度融合，形成一种城市文化和旅游产业生态循环的市场效应。三是强调城市传统文化节日和旅游产业融合，例如那达慕大会，这些传统的城市文化节日实现了旅游企业为消费者提供多元个性化需求的新方式和新产品。四是通过城市文化创新建立了一系列的旅游表演品牌，例如东北的刘老根大舞台，这些能够代表地域文化特点的旅游表演品牌，已经成为城市特色旅游的新经济增长点，在提升旅游产业效益的同时，对于民俗文化起到了保护和传承的重要作用。综上所述，城市文化和旅游产业融合能够更好地丰富旅游产品和市场，满足人们多元化的社会需求，为我国旅游产业结构性调整和可持续发展提供新的指导。

（2）传统旅游业正在转型和升级为文化旅游，更加注重内涵发展

随着我国旅游业发展及旅游者旅游目的的升级，传统的旅游形式并不能满足旅游者的多元化需求，传统旅游产业营销模式，例如城市馆藏式，已经不能满足旅游者的个性化需求。旅游者积极关注深层次旅游城市文化性体验，更加追求精神内涵的提升。而文化旅游的产生，正契合了广大旅游者的这一需求。众多文化旅游代表城市不断推出新的文化旅游产品，增

加新的文化旅游线路，旅游者大多开始追求"精华游"，而非"一日游"。旅游产品的开发向纵深发展。

（3）文化旅游产业集团扩张步伐加快

随着城市文化旅游的发展，在国内近几年兴起了一批代表性的文化产业集团，负责深度开发文化旅游产品，拓宽文化旅游产品的表现形式，如中国文化产业集团、西安曲江文化产业集团、万达文化产业集团、华侨城集团公司、金典集团、宋城集团、无锡灵山文化旅游集团。这些集团公司有着共同的发展特点：第一，迅速成为地方旅游产业的"大鳄"；第二，在地方文化旅游产业运作中有着先进的设计理念、新颖的产品形式以及富有吸引力的宣传手段；第三，在地方文化旅游产业升级中居功至伟；第四，随着地方代表性文化旅游产品的成功打造，其管辖的地区不断扩大，管辖城市中的多个景区（如曲江集团），或者负责多个城市的文化旅游产品的运作（如宋城集团）。

（4）区域发展差异明显

我国文化旅游的发展呈现出东部繁荣、中部崛起、西部较慢的特征，这与旅游业及区域经济发展的特征相适应。东部城市借助于雄厚的经济基础，文化旅游产业的发展基础环境较好，在推出文化演艺等文化旅游产品时，市场运作效果较好。中部城市中有部分城市文化产业发展迅速，给文化旅游的发展创造了较好的外部环境，同时带动了文化旅游业的发展，如长沙影视文化产业的飞速发展，使得湖南卫视的收视率位居全国前列，同时影视产业的发展也给长沙地区带来了高知名度，湖南地区的诸多旅游景区游客接待量也大幅增加。而西部的大部分城市虽然拥有丰富的资源，但是由于经营理念、运作资本、管理模式、人才储备等方面的原因，在文化旅游发展中比较落后。在西部城市中，仅西安、成都、昆明、桂林等城市的文化旅游发展效果明显。

3. 我国城市经济发展的现实基础

（1）区域经济发展不均衡

传统经济学理论判断经济发展的首要标准是GDP。东部城市的GDP总值大大高于西部城市，西部城市中除重庆、成都两个城市拥有较高的GDP外，其他城市的GDP总值均处于低水平。东部、中部、西部经济发展的不均衡由来已久，有政策倾斜、历史基础、资源分布等原因。东部地区经济水平较高，尤其是部分省会城市的经济发展水平已经达到世界发达城市的经济发展水平，如北京、上海、深圳等城市，在基础设施建设、城市文化建设等方面的水平较高。中部地区经济发展水平次之，但是也有部分城市经济发展水平与东部城市相差无几，如武汉、长沙等城市的经济发展水平较高，且在文化产业发展方面的业绩比较突出，其中长沙近几年文化产业的发展已经跃居全国较高水平。西部地区总体经济发展水平较为落后，但西部地区拥有丰富的物产资源和文化资源。如资源丰富的内蒙古，拥有大量的石油、天然气、煤炭、草原等；以"植物王国"和"动物王国"著称的云南，拥有丰富的物种资源；西部因是少数民族数量最多的地区，民族文化资源灿烂，成为我国物产资源最发达的地区，也是文化资源比较丰富的地区。

（2）产业结构发展不平衡

长期以来，我国的诸多城市都依赖于第二产业的发展，尤其是以房地产为主要代表的制造业对于城市产业链的拉动，相关上下游的产业链条也因为房地产的繁荣而发展迅速，只有少部分大城市第三产业发展迅速，尤其是以文化和旅游为主要内容的带动作用明显。从世界先进城市的发展轨迹来看，提升第三产业的比重势在必行，从而弥补由于第二产业的波动对于城市经济的影响。第二产业的作用在于对城市基础设施建设等硬性条件的提升，城市的总体发展水平必须考虑人文需求和软性条件的发展，第三产业发展的作用即是如此。以西部部分城市为例，第一、二、三产业的结构并不合理，工业经济发展较快、投资较大，第三产业所占比重较低，但呈现不断上升的趋势。

（3）资源依赖型城市发展迅速，但后劲不足

纵观我国诸多城市经济的发展轨迹，发现许多城市经济迅速增长的原因在于拥有丰富的物产资源，如煤、石油、天然气等稀缺资源，在GDP的排名中后来居上，如内蒙古的鄂尔多斯市、陕西省的榆林市，在全国城市经济水平排名中迅速提升。但是，资源依赖型城市发展从长远来看，问题较大，如资源枯竭时城市经济发展路径如何选择，且大量开采资源，带来环境污染、土地沦陷等问题，也是不可避免的。如20世纪山西省的诸多城市以煤炭为主要资源促进了城市经济的迅速发展，但是在21世纪，由于资

源枯竭，这些城市的排名直线下降，经济缩水，资源过度挖掘造成了环境污染等诸多困境。山西省的很多城市，如临汾，在资源枯竭后开始把发展的焦点集中于文化旅游上。

（4）文化旅游对部分城市经济拉动作用明显

在我国城市发展面临资源枯竭、环境破坏的困境之时，意外地发现一种绿色无污染的产业对于城市经济的提升作用是明显的，即旅游业的发展成为许多城市发展的共识。文化旅游作为旅游业的升级产业，对于诸多城市的提升作用明显，如丽江、桂林、成都、长沙等，这些城市的旅游产业以快于 GDP 的增长速度而增长，对于城市 GDP 的贡献远远超出 5%。发展文化旅游的优势体现在收效快、客源多、污染少等方面，因此其也成为诸多城市经济发展的支柱产业。

第二章 文旅融合背景下文化产业与旅游经济互动发展的现状分析

目前我国文化产业的开发过程还是十分有限的，大多旅游产业还是以观光为主，没有让文化深入融合到旅游中，游客在旅游中感受不到文化的特色，无法留下深刻的印象。除此之外，在旅游产业与文化产业融合的过程中，也存在着诸多问题。例如，有的地方将观光旅游作为主体，而将文化产业作为观光旅游的陪衬，没有发掘出文化对旅游产业产生的效益；也有的地区虽然进行了文化产业与旅游产业的融合，但只把融合停留在表面，没有充分发挥出地方文化资源的特色，导致文化和旅游产业没有结合到位，缺乏创造性，没有提高文化产业的品位。我国的文化产业和旅游产业的融合还处在发展阶段，两者之间还有很多需要磨合的地方，缺乏较成熟的市场经验，没有充分发挥出地区文化的鲜明特色，导致旅游产业和文化产业的融合还停留在初级阶段。但是不管产业之间如何融合发展，文化和旅游产业都是彼此共存的，都会保持各自的独特性和多样化。虽然文化旅游产业的融合已经取得了巨大的进步，但是依然无法满足文化旅游市场日益增加的需求。只有不断发挥市场在文化旅游中的作用，建立更加合理、规范化的管理方案，对产业进行统一的宣传推广，才能不断推动文化旅游产业的发展进步。

一、我国旅游产业的现状与存在的问题

（一）我国旅游产业的发展现状

在改革开放以前，旅游业仅仅是中国外交事业的延伸和适当补充，这

一时期的旅游业发挥的功能是民间的外事接待，还没有现代产业的明显特征。1978年1月，全国旅游工作会议召开。同年3月，中共中央批准转发《关于发展旅游事业的请示报告》。随后，随着改革开放的不断推进，中国的入境旅游产业也得到了快速地发展。关于中国旅游产业发展阶段，学界尚未有统一的划分标准，本书在原国家旅游局副局长杜一力相关评述的基础上[①]，探索性地将中国旅游产业发展划分为起步、产业化进程、市场进程深入、融入国家战略、新发展五个阶段（如图2-1）。从总体上看，我国旅游产业历经四十余年，旅游人数和旅游收入不断增长、产业带动效应日益凸显，行业扶持政策不断出台，交通条件和基础设施持续改善，我国由原来的旅游短缺型国家转向了旅游大国，这是历史性的跨越。这一转变使国民大众成为旅游消费的主体，实现了国内与国际双向旅游产业的协调发展。

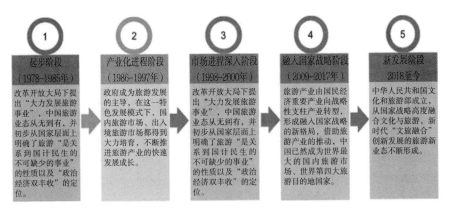

图2-1　中国旅游产业发展的五个阶段

1. 旅游产业的国民经济贡献度不断增加

21世纪以来，我国旅游产业经济的社会效应更加突显，国民经济贡献度不断增大，在创收、促进消费和创造就业、提升国际竞争力等方面发挥了巨大作用。其作用表现为：不断增加国家的外汇收入，推动中外文化的深入交流，持续提升了我国旅游产业的竞争力。从旅游收入来看，除了受2020年新冠病毒感染疫情影响外，2000—2019年间，中国旅游外汇收入有了大幅度增长，由162.24亿美元增长到了1 312.54亿美元，增幅较大；国

---

① 杜一力. 中国旅游业经历的四个主要发展阶段 [N]. 中国青年报，2018-08-02.

内旅游收入也有较大增幅，由 3 175.54 亿元增长到了 57 250.92 亿元（如图2-2）。从游客接待量来看，2019 年全年国内游客达到 60.06 亿人次，比上年增长 8.4%，入境游客 14 530.78 万人次，增长 2.91%。旅游接待人数增幅均值在 10% 以上（如图 2-3）。中国已跃居为世界第一大出境旅游客源国和第四大入境旅游接待国。

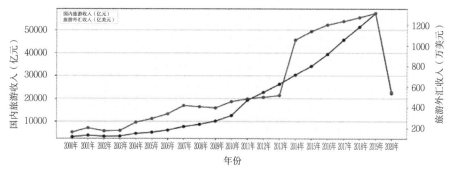

图2-2　2000-2020年中国旅游收入变化

资料来源：根据《中国旅游统计年鉴》相关数据整理而得

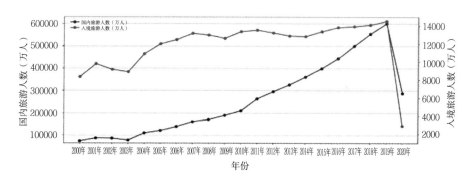

图2-3　2000-2020年中国旅游人数变化

资料来源：根据《中国旅游统计年鉴》相关数据整理而得

从旅游产业增长速度来看，除去受 2020 年新冠病毒感染疫情影响外，2000—2019 年间，除受 2003 年"非典"和 2008 年金融危机影响外，各年度中国旅游产业收入增速均高于中国 GDP 增速（如图 2-4）。在促进消费方面，旅游可以实现内需扩大，推动居民消费水平的提高。目前，中国的国内旅游市场体量是世界范围内最大的，伴随着经济发展的持续推进，这个市场体量和份额还会不断扩大，旅游休闲已成为国内居民生活的常态。2019年，国内旅游市场超过45亿人次，入境旅游人次保持平稳，旅游产业对GDP综合贡献值占到12.4%，超过了教育、银行、汽车等产业所占比例。旅游产业同样也实现了在就业领域不断发挥重要作用，从全国范围进行统计，2019年实现就业贡献率达到12.3%。从提升旅游产业竞争力来看，旅游得到政府的有力支持，并且，在社会主义市场经济背景下，旅游产业的接待规模不断扩大，国际竞争力持续提高。2019年，在我国GDP总量中，旅游产业产值是7.89万亿元；目前旅游产业从业人员为8031万人，占同行业世界就业岗位的29.5%，我国旅游产业不仅是国民经济战略性支柱产业，而且在世界旅游业中占有越来越重要的地位。

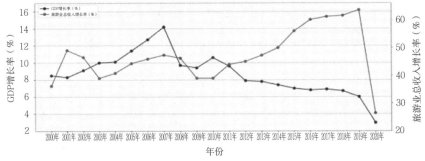

图2-4 2000-2020年中国旅游产业总收入与GDP增长速度对比

资料来源：根据《中国旅游统计年鉴》和国家统计局相关数据整理而得

2. 旅游联动多产业效应日益显现

随着社会发展，旅游作为服务产业，在开发、建设旅游产业的同时，致力于维护旅游资源，为旅游者提供综合、便利、舒适的服务体验，创造经济生产总值，不仅优化了产业结构，还带动了相关产业的发展（如图2-5）。据统计，在我国387个部门分类中，共有110个产业与旅游发生相互关联。旅游产业凭借产生的直接效应、间接效应和诱导效应促进了这些行业的发展。2019年全国旅游及其相关产业增加值达到44 989亿元，旅游产业增加值占国民经济增加值的比重超过10.98%。旅游对以航空铁路为主的交通运输产业收入的贡献率达到86%以上，对住宿业、餐饮业的贡献率都在67%以上，对建筑业、娱乐业的贡献率达到近45%。同时，对建筑业、农业、文化艺术业、制造业、金融业、批发零售业的贡献率也在不断增加。

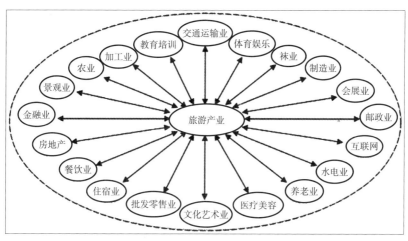

图2-5　旅游产业与相关产业共生系统

运用灰色关联度分析法分析旅游产业及其相关产业的关联度，能够客观反映旅游与多产业间的关联关系。以餐饮业、住宿业、交通运输业、景观业、建筑业、农业、文化艺术业、制造业、金融业、批发零售业为代表性产业，分别提取2000—2010年、2011—2020年两组相关数据（根据《中国旅游统计年鉴》和国家统计局相关数据整理而得），构建灰色关联度模型，x_i，m为选取的相关行业，n为研究的时间序列。其中 $x_i = [x_i(1), x_i(2), \cdots x_i(k)]$ 为选取的与旅游业相关的行业数据。

计算公式如下：

$$x_i'(k) = \frac{x_i(k)}{x_i(1)}, k = 1, 2, \cdots n; i = 1, 2, \cdots, m$$

经过标准化处理后得矩阵 X_i'

$$X_i' = [x_i'(1), x_i'(2), \cdots, x_i'(k)], i = 1, 2, \cdots, m$$

计算差序列

$$\Delta_i = [\Delta_i(1), \Delta_i(2), \cdots, \Delta_i(n)], i = 1, 2 \cdots, m \ \text{其中} \ \Delta_i(k) = | x_i'(k) - x_i'(k) |$$

计算两极差

$$M = \max_i \max_k \Delta_i(k), m = \min_i \min_k \Delta_i(k)$$

计算关联系数

$$\gamma_a(k) = \frac{m + \zeta M}{\Delta_i(k) + \zeta M}, \zeta \in (0,1), i = 1,2,\cdots; i = 1,2,\cdots,m$$

计算灰色关联度

$$\gamma_a(k) = \frac{1}{n}\sum_{k=1}^{n}\gamma_{0i}(k), i = 1,2,\cdots m$$

通过计算绝对差值和时间序列关联系数，得到 2000—2010 年、2011—2020 年两个阶段各行业与旅游业的灰色关联度（如表 2-1）。可以看到，传统型密切关联的产业关联密度不断增加，餐饮业从 0.707 4 增加到 0.903 0，住宿业从 0.646 4 增加到 0.887 4，交通运输业从 0.611 9 增加到 0.905 4，景观业从 0.710 8 增加到 0.860 5。同时，原本与旅游业关联度较低的产业，随着旅游产业关联的边界不断拓展，密切程度也在逐渐加强，如随着旅游服务设施和基础设施的不断构建，旅游业与建筑业的关联度从 0.721 0 增加到 0.902 3；伴随农业旅游、乡村旅游等新兴业态的兴起，旅游与农业之间灰色关联度从 0.626 0 增加到 0.919 4；随着国家文旅融合规划的提出和发展，旅游与文化艺术业之间的关联度也从 0.752 4 增加到 0.928 3，旅游联动多产业效应日益显现（如图 2-6），逐渐形成了产业间良性互动的态势。

表2-1　2000—2010年、2011—2020年两个阶段旅游产业与相关产业的灰色关联度

产业类别	餐饮业 γ	住宿业 γ	交通运输业 γ	景观业 γ	建筑业 γ
2000—2010 年关联度	0.707 4	0.646 4	0.611 9	0.710 8	0.721 0
产业类别	农业 γ	文化艺术业 γ	制造业 γ	金融业 γ	批发零售业 γ
2000—2010 年关联度	0.626 0	0.752 4	0.617 1	0.723 0	0.697 0
产业类别	餐饮业 γ	住宿业 γ	交通运输业 γ	景观业 γ	建筑业 γ
2011—2020 年关联度	0.903 0	0.887 4	0.905 4	0.860 5	0.902 3
产业类别	农业 γ	文化艺术业 γ	制造业 γ	金融业 γ	批发零售业 γ
2011—2020 年关联度	0.919 4	0.928 3	0.695 5	0.725 0	0.968 9

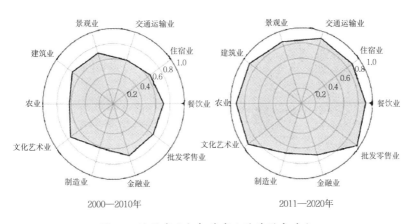

图2-6 旅游产业与相关产业的关联度对比

资料来源：根据《中国旅游统计年鉴》和国家统计局相关数据整理而得

3. 旅游相关交通条件和基础设施持续改善

因为旅游存在较强的区域性特征，而且较多保持良好原貌的旅游风景名胜区一般开发较晚或者离大城市较远，地理位置较偏僻，因此旅游目的地所在地区交通条件的好坏直接影响了景区的客流量。近年来，在我国经济社会发展的推动下，国家不断完善交通基础设施，特别是旅游景区周边配套的交通设施越来越完备，如不断增加国内外航班（如图2-7）、日渐增多的高铁线路（如图2-8）、遍布全国的高速公路网（如图2-9），使旅游更加便捷，旅游产品更加丰富，极大地促进了区域性的同城效应。交通条件的改善，很大程度上节约了平均出行时间，大大提高了旅行舒适性，为国家旅游产业的发展奠定了坚实的基础。

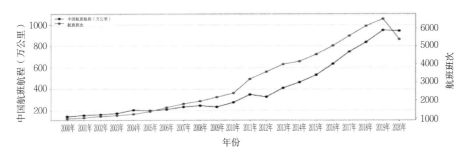

图2-7 2000—2020年中国航班航程和班次变化

资料来源：根据国家统计局相关数据整理而得

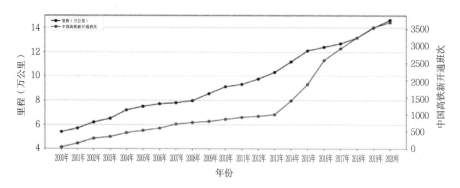

图2-8 2000—2020年中国高铁新开通班次和里程变化
资料来源：根据国家统计局相关数据整理而得

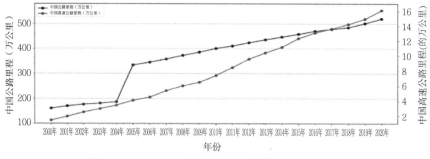

图2-9 2000—2020年中国公路和高速公路里程变化
资料来源：根据国家统计局相关数据整理而得

同时，旅游相关基础设施持续改善，各地旅游目的地不断增加，旅游项目持续丰富，促进了各类旅游市场的活跃。交通条件的改善和旅游基础设施项目的发展，节约了旅行的时间，丰富了旅游目的地，从整体上提升了旅行的质量，为国家旅游产业的发展夯实了基础。

（二）我国旅游产业的瓶颈与问题

旅游产业积极推动社会经济、文化产业的快速发展，与此同时，也带来一定的消极影响。现在，中国旅游产业正处于矛盾凸显的关键时期，亟须转型发展。旅游产业在发展方面出现无节制、掠夺性特点，管理上很多是粗放式的，这些弊端都在一定程度上破坏了旅游目的地的生态承载，影响了旅游客源地、资源地市场的开发，进而使旅游产业在可持续发展方面受到严重影响。

1. 旅游产业发展模式粗放，同构化现象严重

我国旅游产业的发展采取粗放型增长方式，对资源的依赖性过高。粗放式导致了过度商业化，破坏了旅游生态。旅游产业的发展与旅游业态引进相对滞后，造成旅游要素的配置不完善、不理想。较低层次的旅游产业开发模式，对旅游资源的开发和利用也还是较低层次的，旅游产业开发缺乏创意，对旅游者的吸引力不够。

同时，旅游产业因为创新的不足，新旅游产品的开发、新旅游服务项目的开发，都相对匮乏，导致旅游产业因科技、文化等重要因素的含量不足，无法采用提供个性化旅游产品的差异化战略。旅游产品中高附加值产品比例低，无法建成科学合理的旅游产品体系。旅游产业整体同构化现象严重，价格战不断涌现，旅游市场秩序混乱。与大众的旅游需求相比，现有旅游供给和产品服务存在相当大的差距，已不能满足旅游爱好者多元化的旅游需求。

2. 旅游产业政策待完善，市场管理需加强

本着加快地方经济发展的目的，各级政府大多选择旅游业作为产业主导。于是，配套政策的制定，也往往会关注如何达成旅游的经济目标。虽然旅游产业的发展受社会文化以及社会和生态环境的影响，但因为旅游产业政策缺乏长期规划，导致资金投入相对匮乏，可持续发展难以实现。

目前，我国国内旅游市场的发展程度还不能满足广大人民的要求，主要体现在：现有的法律条文难以准确适应和保障旅游产业的发展要求；行政监管等手段难以对旅游活动产生有效控制；旅游产业的经营及其管理还不规范；部分地区的旅游市场缺乏诚信；不同地区和不同行业的经济阻碍相对严重。

3. 旅游人才数量不足，素质还需不断提升

在旅游人才数量方面，当前我国旅游从业人员的递增速度滞后于旅游产业的发展速度，总体供需矛盾日益加重。高端应用型旅游人才、复合型旅游人才、国际化旅游人才、新型旅游人才供小于求，一些地区旅游人才甚至呈现两级短缺现象，一线服务人员长期供给不足。在人才结构层面，高职称、高技能的人才所占比例明显偏低。行业总体从业人员年龄结构偏小，实践经验不足。在人才素质方面，旅游产业从业人员的职业化和专业化水

平整体偏低。旅游产业从业人员专业对口率低，旅游行政管理部门中专业人才较少，大部分管理人员"半路出家"，不具备旅游专业相关知识。

此外，由于旅游行业工资待遇不高、工作强度较大、社会保障制度不完善，增加了旅游产业从业人员的高流动性，人才的高流动性增加了组织管理的成本和难度，制约了旅游人才队伍的建设和发展。

4. 旅游产业与相关产业的融合度低，缺乏实质性互动发展

旅游产业与其他产业归属于不同的系统，虽然关联性在日益增强，但是因为业务范围"条块分割"的特点，各产业基本是各自为政，管理权不能统一，经营状况就是分散的。各产业管理部门之间因为归属和业务范围，无法形成经营的实际交流，这些弊端必然导致不能统一规划与运作相关资源。同时，旅游产业和与其相关的产业之间缺乏深度和有效的合作，导致在旅游供应体系的某些领域还存在着低效率运作的情况。所以，在规划与开发、宣传与管理方面如果缺乏统一，区域内的旅游产业资源及与之相关的资源就不能形成合理、有效的整合，旅游产业整体品牌效应随之被弱化，就无法形成整体态势上的竞争优势，必然导致旅游产业和与之相关产业的互相促进共同发展。由于旅游产业与相关产业的互动发展没有向纵深迈进，使得旅游产品关联方式较为单一，仅靠产品简单的叠加，无法使旅游资源形成整合，达到集约化经营，结构也不合理，从而影响了大众消费层次和水平的提升。

二、文旅融合背景下文化产业与旅游经济互动发展的现实困境

（一）文化产业与城市旅游经济协调发展的现实困境

目前，随着国家政策性导向和居民多元化需求增加，我国城市文化旅游的发展获得了较好的外部条件，并且已经取得了诸多成果。但是由于我国文化旅游的发展时间较短，发展过程中也出现了很多问题，这些问题给文化旅游和城市经济的可持续发展带来一定的影响。

1. 城市文化旅游创新模式固定化

我国城市文化旅游产业发展的一个动力源泉就是技术和管理模式创新。

为满足日益多元个性化消费者需求，旅游产业通过自身的营销产业模式需求，挖掘城市文化中的相关元素，融入旅游产业的发展中。文化旅游的形式虽然包含丰富，但是很多城市仍然以开发遗产资源为主，城市文化旅游的发展建立在遗产资源的基础上，游客涌入，环境破坏。遗产地经济季节性较强，旅游旺季经济收入较高，旅游淡季则入不敷出。

目前，不少地方非物质文化遗产保护工作都取得了较好的效果。但是，非物质文化遗产目前的衰落趋势还是比较明显的，无论是理论研究还是实地调研，都可以发现非物质文化遗产的保护传承和创新发展仍面临比较大的困境。

（1）资金紧张，造成传承和开发困难

近年来，政府和民间组织都对非物质文化遗产的保护作出了努力，但还是无法扭转其渐衰的趋势。经济困难是不少遗产项目当前面临的主要问题。现在，大多非物质文化遗产的保护主要依赖政府投入，从综合的效益而言，投入与产出难以对称，也无法达成可持续发展的态势。中国有五千年的文明传统和文化传承，其中产生的非物质文化遗产众多。目前，现存的很多非物质文化遗产保护维持的工作主要是来自政府的投入，这种保护方式具有被动性。一方面是政府财政的负担，从另一方面讲，很难给所有传承人提供便利的物质条件。传承人难以安心从事非物质文化遗产传承，是对非物质文化遗产保护工作的一种挑战。总之，非物质文化遗产专项保护所需资金紧张，已成为目前许多非物质文化遗产保护所面临的主要问题。

此外，在一些经济发展较为落后的地区，非物质文化遗产通常保存得较好，因为没有太多现代工业的加入，本地区的农业经济没有受到破坏，因此往往民族文化资源非常丰富。与此相对的是，由于经济发展比较落后，基础设施建设不到位，导致无法对这些资源进行旅游开发，因此也无法转变为经济效益。同时，由于缺少开发资金，加上从业人员综合素质无法完全满足对外开放的需要，导致大量的文化资源还没有被挖掘。

（2）法规不健全，保护和利用缺少支撑

国内相关法律对于非遗保护和发展的支持不足，尽管国家出台了《关于加强我国非物质文化遗产保护工作的意见》，在一定程度上发挥了积极作用，但是，由于我国保护与利用非物质文化遗产的工作整体上起步较晚，尚没有统一、规范的策略和文件做支撑和引导；非物质文化遗产开发利用配套的法律法规还不健全，相关条例也有待改善与加强，立法工作还无法与非物质文化遗产的快速发展相匹配。同时，非物质文化遗产中特殊技艺与传承人的创新和发展，也需要有关法律给予支持保护。2006 年至今，我国对于非物质文化遗产的保护开发已经有 18 年的历史了，但是仍然有许多问题出现，无法完全适应我们国家非遗保护与开发工作的实际需要。因为法规缺失，导致非物质文化遗产的过度利用，进而损害文脉本真性的悲剧也经常发生。

（3）文化内涵挖掘不深，大众认同感低

非物质文化遗产有一个非常重要的特征，那就是地域性和群体性。中国有 56 个民族，可以说每一个民族在漫长的历史中都积累了独具特色的民风民俗，这些就是宝贵的非物质文化遗产，也是最吸引受众和游客的地方。在实际开发过程中，当地政府和开发商往往有着急功近利的心态，没有深入发掘本地本民族的特色，而是为了快速回笼资金，采取了一些庸俗、雷同的简单开发方式，这就导致对受众吸引力不够，同时对于非遗的保护也没有做到位，最终适得其反，丧失了非物质文化遗产的品牌特色。

目前的现状是：不少非物质文化遗产创新性不够，与时代缺乏密切联系，往往不能引起大众的注意。从历史的发展上看，不少非物质文化遗产逐渐衰落乃至消失，其主要原因是缺乏对群众的吸引力，从而就缺乏继承发扬的环境，自然就不能自觉地参与文化遗存的保护，继承和发扬往往变得非常困难，非物质文化遗产的保护和传承因而变成无源之水。若要实现可持续性的继承发展，就要不断地创新，推出新时代要求的新作品，培养年轻一代对非遗的关注和兴趣。由于吸引力的缺失，令人担忧的是，在非物质文化遗产保护与传承工作中，尤其是在年轻一代中，不少人生活在充斥着网络、选秀、西方节日的环境中，正在疏远本民族的传统文化，中华民族绵延不断的传统文化正面临传承的危机和断裂的危险。

（4）利用模式单一，开发参与广度不足

在目前发展阶段，我国非物质文化遗产利用和实践对象则主要集中于传统音乐、传统舞蹈、传统美术、传统手工技艺等类别。如大型实景剧《印象·刘三姐》及"印象"系列，为非物质文化遗产融合特色旅游产业的发展提供了典型案例。整体而言，现阶段的保护和利用工作涉及曲艺、民间文学、传统药品等类别相对较少，且开发利用模式局限于简单的商业产品化复制。合理化利用非物质文化遗产的产业关联发展还处于起步阶段，非物质文化遗产及相关产业整合发展尚未形成合力，非物质文化遗产作为文化要素的转型模式尚不成熟和完善。

同时，在整体社会文化发展中，非遗文化处于次要的非主流地位，其经济价值、文化的作用与地位往往被忽略。对文化价值未进行深入的理解，导致对其经济价值的认识和开发不足，时常出现一头热、一头冷的状况：一方面表现在政府对于开发非遗的经济价值的热情，另一方面作为经济价值开发应用的主体——广大民众往往表现出较为冷淡的态度，参与的积极性较低。

许多城市已经意识到文化旅游创新的重要性，但是，从目前的实践看，大部分城市均以文化演艺项目为城市旅游的主项。近几年，各地兴起了开发文化旅游演艺项目的热潮，昆明、桂林、丽江、西安等地均推出了重量级的旅游演艺项目，文化旅游的创新性呈现重复的特征。从某种程度上看，政府性支持和社会资金投入的不足使得城市文化旅游产品的结构创新和独特优势无法显现。

文化演艺产业链涵盖前期调查、研发，中期生产、加工，以及后期宣传、销售等环节，文化演艺与旅游产业融合后衍生出了一个新业态——旅游演艺。在文化演艺融入旅游产业的过程中，文化演艺扮演着资源供给者的角色，创作者要对蕴含审美、教育、愉悦身心等功能的链环实施场景化改造，使之与旅游消费场景相契合，以更好地满足旅游消费需求。与此同时，与演艺相关的民俗文化、生活文化等具有体验价值的场景或活动被纳入旅游产业，充分发挥出文化演艺蕴含的一切文化要素所具有的体验价值。

虽然文化演艺融入旅游产业的融合模式与融合产品已基本成型，但其融合仍处于起步阶段，在融合过程中，仍存在一些障碍与缺陷，主要体现在以下三方面。

第一，宏观上，有针对性的政策供给不足。尽管许多企业积极践行演旅融合，积累了许多宝贵的经验，但文化演艺与旅游产业融合带来的效益仍未引起有关部门的重视，如文化演艺到底在多大程度上有助于旅游产业的发展，在旅游收入和旅游人次的推动方面尚未得到证实，因此，不能出台有针对性的专项政策。

第二，中观上，产业之间难以形成有效互动。旅游演艺市场的兴起、社会资本的涌入，引发了激烈的市场竞争。由于文化资源创新乏力，规划设计不到位，致使部分旅游演艺产品出现主题雷同、内容重复或品位不高等问题。仅张家界市，知名的大型旅游演艺节目就有6台，中小型旅游演艺剧目更多，无论对当地居民还是外地游客而言，大多数中小型演艺剧目缺乏吸引力，产业之间也难以形成有效互动。

第三，微观上，对利益相关者带动不足。特色旅游演艺产品与旅游目的地联系紧密，其创作、生产与销售环节均位于当地，与目的地微观主体利益息息相关。但是，由于旅游演艺发展时间较短，小型演艺企业由于人才、资金等要素的制约，其产品档次不高、服务水平低下，企业绩效不佳，难以辐射到周边。许多地方旅游演艺剧目虽具有一定的知名度，但由于传播和营销力度不够，导致品牌知名度不高，市场占有率较低，使区域旅游演艺剧目的社会效益和经济效益受到影响。

综上，在文化演艺融入旅游产业的进程中，仍存在着有针对性的政策供给不足；产品扎堆，产业之间难以形成有效互动；对周边利益相关者的带动不足等问题。如何消除上述体制性障碍和机制性缺陷，助力旅游演艺业更为稳健地发展，就成为旅游演艺相关职能部门和利益攸关者亟须思考和破解的问题。

2. 文化旅游产业链条可持续性建设不足

我国城市文化旅游产业发展的一大优势就在于前后产业链延伸较大，可创新性较强，从而不断创新链条产品，满足市场多元化消费、实现产业结构优化升级，构成一条城市文化和旅游产业新经济增加体系。然而，目前在城市文化旅游产业链条的可持续方面，一是没有更好地明确各个产业链条责任和实现产业链条合并扩展性，城市文化和旅游产业上下游企业无法在一定标准范围和技术标准下实现优势功能的有效性连接和扩展。某些区域性城市在文化性投资建设过程中，并没有考虑到长远的、可行的商业模式，从而导致吸引力不足，消费市场薄弱。例如某些文物保护单位具有很高的文化价值和属性，由于缺乏商业模式的有效经营、引入和推广，无法满足并提供给旅游消费者综合性多元化需求，使得消费者无法获得独特的内心体验。二是我国城市文化旅游产业在建设过程中过分强调经济效益，忽视城市文化的完整性、延伸性以及长远发展，出现文化雷同、"伪文化"登台、文化遗产资源保护不力等现象，造成我国城市文化旅游产业可持续发展的新困难和新问题，最终将会限制我国旅游服务产业的非良性循环发展和社会经济效益的提高。

3. 部分文化旅游区资源优势亟待挖掘

在我国文化旅游发展的现实中，有诸多文化旅游区资源基础较好，但是缺乏开发的视野、开发管理及运营的经验，使得旅游发展处于低水平阶段，如我国新疆、青海等地，文化旅游资源丰富，但是缺乏高水平开发，使得资源的呈现方式单一、游客回头率低，旅游对于区域经济的贡献较小。很多专家也认为往往开发落后的地区，其资源保护较好，这也是开发和保护的悖论。如西藏地区，在大片区域内都缺少旅游设施的建设，如厕所问题——游客如厕困难，就地解决的方式成为大众争论的焦点，有的赞成这种原生态的生活方式，而大部分游客表示西藏旅游应该加强基础设施建设。因此，应丰富旅游的呈现方式，开发创新旅游商品、完善基础设施建设，深度挖掘文化旅游资源优势，使得资源优势转化为经济优势。

4. 文化旅游资源开发不当引发相关问题

当然，文化旅游开发中，还存在一种现象，就是文化旅游资源的开发不当引发了诸多问题，如文化旅游资源的过度开发。丽江景区原著居民的外迁，大研古镇聚集了来自全国各地的商人，使得原有特色消失；华山景区曾经在一段时间内，因游客拥堵造成垃圾遍地等，都是开发不当的典型。在短期内，可能无法显示开发不当带来的影响，但是长期来看，文化旅游资源的开发不当会破坏资源的原有形象，使得游客满意度降低，游客数量不断减少，势必会影响文化旅游区域的长期经济效益。

（二）我国城市文化旅游与城市经济互动发展的历程

文化旅游作为促进城市经济增长的重要组成部分，在诸多城市发展中的贡献，尤其在文化旅游城市中的贡献越来越大。城市管理者或忽视文化旅游的作用，偏重城市其他产业的发展，对文化旅游资源的利用和开发不到位，文化旅游对于城市经济的促进作用没有发挥出来；或看到文化旅游发展促进城市经济增长的快速性和成本低等优点，进而过度开发文化旅游资源，使得破坏和掠夺性开发行为大行其道，虽然短期内提升了城市GDP，但是对于城市的可持续发展构成了较大威胁。总体来说，我国文化旅游与城市经济开发经历了三个发展阶段，在时间维度上表现为忽视开发、失衡发展，恶性循环、失调发展，良性互动、协调发展。当然，这三个发展阶段在空间维度上也有并存的现象，比如某些城市的开发属于第一种，有些城市属于第二种，而有些城市属于第三种。

1. 忽视开发、失衡发展

在文化旅游城市的发展过程中，虽有丰富的文化旅游资源，但是城市管理者没有重视文化旅游的发展，却偏重城市其他产业的发展。以鄂尔多斯市为例，虽然拥有成吉思汗陵等旅游资源，但是城市管理者在很长的一段时间里没有重视旅游资源的开发，使得该城市的旅游一度处于初级开发的阶段，旅游设施和旅游服务并不到位。城市管理者一度重视房地产等产业的作用，造成城市的产业结构不合理，第三产业所占比重较低，旅游开发和收入对于城市经济的贡献微不足道；或者因方法不当导致对文化旅游资源产品开发创新度不高、线路设计不合理等问题时有发生，文化旅游对于城市经济的促进作用没有发挥出来。如呼和浩特市虽拥有丰富的草原文化旅游资源，但是在产品开发、线路设计、旅游环境、基础设施建设以及旅游从业人员的培训和教育，都没有达到应有的水平，使得旅游者的满意度较低，回头率也较低。

2. 恶性循环、失调发展

在我国诸多文化旅游城市的发展中，因过度重视旅游开发，城市经济的增长对文化旅游的开发依赖程度较大，城市产业结构单一，使得城市经济比较脆弱，一旦旅游业发展不利，城市经济就会处于崩盘的境地。且旅游资源的过度开发和利用，带来了旅游资源的破坏，可持续利用和发展无法呈现，虽满足了短期的利益，但是城市经济的长期发展却无法实现。许多文化旅游城市在城市GDP总体排名中并不靠前的现象比比皆是，昆明、拉萨等城市的发展就是佐证。丽江一度因旅游资源的过度开发而使得本地居民外迁，商业气氛太过浓厚，古城特色淡化，对外吸引力降低。

3. 良性互动、协调发展

文化旅游与城市经济相互作用的最好状态是良性互动、协调发展。文化旅游对于城市经济的促进作用凸显的同时，可以兼顾文化旅游的可持续发展，且城市经济的发展建立在产业结构合理的基础上。城市经济发展推动文化旅游的发展，为文化旅游的发展创造了良好的外部环境，而文化旅游的发展又能给城市带来吸引力和发展机遇。总之，既不能过度开发文化旅游资源，又不能忽视文化旅游的作用，使二者之间互相影响，达到良性互动、协调发展的状态。

（三）文化产业与旅游产业融合发展的影响因素

文化与旅游融合发展是个相对复杂且系统化的工程，[①]涉及众多的行业及门类，产业链相对比较复杂，因而两产业在融合发展过程中会受到多重因素的综合作用与影响。以下从宏观和微观两个角度进行综合分析。

1. 宏观分析

我国文化产业与旅游产业融合发展总体呈现出融合发展水平低，融合发展速度慢，东部、中部、西部的空间差异明显等特征，主要是由政府政策、社会经济发展、科技创新与文化旅游资源等综合因素共同作用而形成的。

（1）政府政策因素

经济学认为政府在经济发展中所掌握的资源远远高于社会中的其他组织，这只"看得见的手"往往对于一个产业的发展产生着巨大的作用。文化产业、旅游产业及其二者的融合发展一直在各省份的政府政策、政府重视程度及重视的时间长度等方面具有较大差异。文旅产业融合发展较好的省份早已推行相关发展政策和优惠条件，并不断加强重视程度和政策倾斜力度，从地区文化旅游个性化、可持续化的融合发展方面寻找突破点，建立文旅融合发展体系，不断增强文化与旅游产业的综合实力。另外，也有一些省份对于文旅产业的重视程度远远不够，或者近几年刚认识到文旅产业融合发展的重要性，使得地区文旅产业融合发展水平一直处于落后水平，以至于与发展较好地区的差距越来越大。各地政府对于文旅产业

---

① 陶丽萍，徐自立. 文化与旅游产业融合发展的模式与路径 [J]. 武汉轻工大学学报，2019，38（06）：88.

的政策支持及重视程度能够在很大程度上影响文化旅游产业的发展及其融合发展水平。

（2）社会经济发展因素

我国文化产业与旅游产业融合发展的时空格局在一定程度上是我国社会经济空间格局的再现。区域的社会经济发展水平是文旅产业融合发展的物质基础，各省份经济间存在的差异是造成地区文旅产业融合发展水平差距的重要原因。区域经济实力能够作用于地方的财政收入，进而影响地方政府对文旅产业发展的投入和供给能力。另外，区域的历史因素、交通条件以及对外开放程度等通过作用于社会经济发展能力而影响各省文化产业与旅游产业融合发展的能力。我国东部地区能够依靠其一直以来的社会经济基础的优势条件，致力于加强文化产业、旅游产业及二者融合发展方面的投入。相对而言，我国中部、西部地区（特别是西部偏远地区）的社会经济发展相对落后，整体的经济环境较差，使得文旅产业融合发展水平较低。我国区域经济空间结构变迁是我国文化产业与旅游产业融合发展格局演化的基础性动力，社会经济发展的不平衡导致我国东部、中部、西部地区文旅产业融合发展的差距巨大。

（3）科技创新因素

产业融合最开始是由科学技术的创新引起的。科技创新一方面可以助力文化与旅游产业整体生产效率的提升，另一方面也是文化旅游产业升级发展的关键力量。文化产业与旅游产业在依托科技创新发展的基础上，彼此都完成了自身的产业升级，丰富了生产维度，使产业清晰的范围轮廓逐渐消失，不断推动产业的融合发展。比如旅游企业可以尝试创新方式，运用创新技术将适宜的文化元素融入旅游产品，增强文化意蕴，形成特色文旅产品。我国东部沿海省份作为我国实现科技创新的核心和先锋地区，最先将创新成果应用于文化与旅游产业，助力两产业的融合发展。而中部、西部地区在科技创新方面较落后，前期不能够分享发达地区的科技创新成果，后期也存在一定的应用滞后性，很难为地区文旅产业的融合注入新的活力和创新因子。科技创新对我国文化产业和旅游产业的融合发展起到巨大作用，为两产业的融合发展创造了机遇，提供了融合的路径，延长了融合的链条，进而形成了更具吸引力的文旅产业，推动了地区文化旅游产业的改造升级。

（4）文化旅游资源因素

文化赋予旅游以内涵。文化具有很强的地域性、历史性以及民族性特征。在长期的历史发展过程中，各地区、各民族都积累和凝聚成拥有自己特色的文化资源，不仅包括传统的文化资源，也包括现代的文化资源。随着旅游业的发展，旅游市场不断提出新的需求，文化旅游应运而生，这促使区域丰富的文化资源与旅游产业相融合，形成新的资源要素——文化旅游资源。如北京、陕西等一直以来拥有丰富的文化旅游资源，文旅产业在地方有着很好的发展前景，且两产业的融合态势良好。而其他一些省份的文化旅游资源相对比较匮乏，或者说开发程度较低，缺乏较好的融合条件和环境，使得文旅产业发展缓慢，不能进行很好的融合。一个区域是否具有丰富的文化旅游资源对其地区的整个文旅产业的融合发展也具有重要作用。

2. 微观分析

笔者选取了文化产业和旅游产业指标中各项一级指标的综合数据，以文化产业经营状况（X_1）、文化产业规模（X_2）、文化产业从业人员（X_3）、文化产业机构数量（X_4）、旅游产业经营状况（X_5）、旅游产业规模（X_6）、旅游产业从业人员（X_7）、旅游产业机构数量（X_8）等8项具体指标作为解释变量，揭示其对我国文化产业和旅游产业的耦合协调性（D）的影响程度。笔者利用SPSS22.0软件对解释变量进行共线性诊断，结果如表2-2所示，8个指标的容差因子均大于0.1，方差膨胀因子（VIF）均小于10，没有显示共线性问题。因此，构建回归方程为：

$$D = C + \mu_1 X_1 + \mu_2 X_2 + \mu_3 X_3 + \mu_4 X_4 + \mu_5 X_5 + \mu_6 X_6 + \mu_7 X_7 + \mu_8 X_8 + \varphi$$

表2-2 多重共线性分析

模型	非标准化系数		标准系数	t	Sig.	共线性统计量	
	B	标准误差				容差	VIF
常量	0.159	0.014		11.731	0.000		
X_1	2.276	1.767	0.144	1.288	0.021	0.190	0.974
X_2	−4.918	2.113	−0.302	−2.328	0.029	0.174	1.466
X_3	12.635	4.872	0.583	2.593	0.016	0.125	4.432
X_4	2.677	2.915	0.140	0.918	0.037	0.154	1.681
X_5	3.737	1.685	0.284	2.218	0.037	0.176	1.135
X_6	−2.081	2.452	−0.132	−0.849	0.041	0.152	1.329
X_7	2.291	2.940	0.130	0.779	0.044	0.145	2.636
X_8	4.833	2.616	0.228	1.847	0.078	0.182	1.205

运用 Eviews10 软件对影响我国文化产业与旅游产业耦合协调性的 8 项指标进行回归分析,回归结果见表 2-3。

第一,判定决定系数(R^2)为 0.972 522,修正决定系数（Adjusted R^2）为 0.962 530,F 值为 97.329 74,P 值为 0.000 0,DW 值为 1.941 150,表明回归方程拟合度较高,显著性明显,说明 8 项指标均能对我国文化产业与旅游产业耦合协调性进行很好的解释。

表2-3 回归分析表

变量	系数	错误标准	统计	概率
C	0.159 181	0.013 569	11.730 78	0.000 0
X_1	2.275 877	1.766 769	1.288 157	0.021 1
X_2	−4.918 492	2.113 184	−2.327 527	0.029 5
X_3	12.635 13	4.871 976	2.593 430	0.016 6
X_4	2.676 562	2.915 459	0.918 058	0.036 8
X_5	3.736 836	1.684 511	2.218 351	0.037 2
X_6	−2.080 615	2.451 557	−0.848 691	0.040 5
X_7	2.290 585	2.940 019	0.779 106	0.044 4
X_8	4.832 547	2.616 236	1.847 137	0.078 2

第二,文化产业经营状况（X_1）、文化产业规模（X_2）、文化产业从业人员（X_3）、文化产业机构数量（X_4）、旅游产业经营状况（X_5）、旅游产业规模（X_6）、旅游产业从业人员（X_7）与耦合协调性均在 5% 的水平下显著相关,X_2、X_6 显著负相关,其余几项均显著正相关;旅游产业机构数量（X_8）与耦合协调性在 10% 的显著水平下呈正相关。说明有 6 项指标的提升对于我国文化产业与旅游产业耦合协调性的提高均具有积极的正向促进作用,而有 2 项指标即文化产业规模（X_2）和旅游产业规模（X_6）

与其具有反向变动关系。要推动我国文化产业和旅游产业融合向好发展，需要在文化与旅游产业的经营状况、从业人员、机构数量三个方面进行正向提升，加强关注与投入力度。在产业规模方面不能依靠一味地增加产业规模来加强两产业的融合，而是需要进行合理安排、加强管理与提升质量。

第三，8个解释变量对于我国文化产业与旅游产业耦合协调性的影响程度不同，文化产业从业人员（X_3）对两产业的耦合协调度的影响表现最为显著，文化产业规模（X_2）、旅游产业经营状况（X_5）与旅游产业机构数量（X_8）对其影响程度次之，而文化产业经营状况（X_1）、文化产业机构数量（X_4）、旅游产业规模（X_6）和旅游产业从业人员（X_7）的系数值较低，这几项指标影响程度相当且影响力有限。即影响程度由强到弱的顺序为：文化产业从业人员（X_3）＞文化产业规模（X_2）＞旅游产业机构数量（X_8）＞旅游产业经营状况（X_5）＞文化产业机构数量（X_4）＞旅游产业从业人员（X_7）＞文化产业经营状况（X_1）＞旅游产业规模（X_6）。在未来的发展中，需要着重在文化产业从业人员、文化产业产业规模、旅游产业机构数量等方面进行提升和发展，同时，其他几个方面也应兼顾发展，做到全面提高，助力我国文化产业与旅游产业的融合发展。

第三章 农文旅融合与农村经济互动发展

随着消费结构的升级，旅游与乡村振兴之间联系越来越紧密，乡村旅游越来越成为乡村发展的关键，乡村振兴也越来越把乡村旅游作为经济的主要增长点。文化振兴是乡村振兴的基石，也是乡村发展的根和魂。"保留乡村风貌，留住田园乡愁"①，就应充分保护和挖掘农村传统文化。而文化与旅游相融合、渗透是产业融合的重要形式，以文化产业、旅游产业的互联、互融、互动为主要内容，在助力乡村振兴战略实施的过程中发挥着重要的作用。因此，推动乡村振兴战略的深入开展，以文旅融合作为立足点，以乡村经济的创新、培育、发展为核心，将是一条可行的发展道路。

一、农文旅融合发展现状分析

（一）文旅融合与农村经济互动发展的机制

1. 乡村文化和旅游融合的发展逻辑及动力机制

乡村文旅融合是指乡村文化和旅游产业之间打破要素界限，通过互动、渗透、整合、重组等方式形成互融、共生、连续、统一体的过程。乡村区域内的文化与旅游产业之间具有差异性和比较优势是实现融合发展的基本前提，在此基础上促进两大产业在产品开发与服务领域的要素流通并实现动能转换，从而产生具有区域辐射力的产业叠加效应。

（1）乡村文旅融合的发展逻辑

从理论逻辑来看，乡村文旅融合需与当地资源禀赋、经济社会发展目标相统一，形成跨界互联、内嵌共生式的复合生态系统。一是乡村文旅融

---

① 习近平. 论坚持全面深化改革 [M]. 北京：中央文献出版社，2018：263.

合是资源要素优化整合的动态过程。在乡村振兴战略下，乡村文化和旅游两大产业之间的要素配置机制发生着互动、交叉、渗透与组合，原有的产业界限从相对独立走向融合一体，边界逐渐模糊，在外部环境和内生动力的共同作用下实现乡村文旅产业体系重构。二是乡村文旅融合强调共生性的涉农产业价值链创新。赵华指出，通过识别和挖掘两大产业在乡村地域内的相对优势，遵循"宜融则融"原则，在两个产业链上探寻融合的节点，体现其引导、治理和经济转换的多重功能，从而带动乡村地域内经济与社会效益的互促发展。[①] 三是乡村文旅融合是动态化的产业转型升级过程。文化产品通过与旅游业态的融合，从静态发展的区域内产品开发到动态的多元传播渠道，乡村的文化资源优势转化为旅游产业的增值服务。四是乡村文旅融合是全方位、深层次的互通交融。在这种交融过程中，文化不单是一种元素，更具有产业融合的催化剂功能，不仅实现其理念、体制、业态、空间等的多维度融合，同时还促进乡村文旅跨界联动，构筑多元化的立体式运行生态。

从实践逻辑考虑，张祝平认为，乡村文旅融合以两大产业的优势互补和资源整合为发展目标，包括资源禀赋、新兴科技以及市场导向三种整合逻辑。[②] 一是基于资源禀赋的整合。我国拥有历史悠久的农耕文明和丰富多样的乡村文化，无论在物质层面还是精神世界，都形成了丰厚的资源积淀，也催生了有序的传承脉络。新时期中国传统文化开始复兴与回归，这是文化产业赖以存续的根基。同时，我国五千年的文明传承，留下了优秀的乡村文化遗产，农村传统民俗（如舞狮、灯会）以及少数民族特色村落文化构成了乡村旅游产业发展的资源基础和先决条件。二是基于科技手段的整合。新兴科技的运用是乡村文旅融合的增值基础，利用先进技术对乡村旅游大数据进行多维视角的分析，捕捉消费者的行为偏好，可以为精准营销与产品推广提供决策支持；利用新兴技术开发乡村动漫、短视频等衍生品，可以丰富产品与服务业态。同时，VR/AR等技术和网络直播的运用，能够为优秀乡村文化与旅游资源的保护和利用提供数字化支持。三是基于市场

---

① 赵华. 文旅融合下乡村公共文化服务创新体系研究[J]. 经济问题，2021（05）：111-116.

② 张祝平. 以文旅融合理念推动乡村旅游高质量发展：形成逻辑与路径选择[J]. 南京社会科学，2021（07）：157-164.

导向的整合。以市场为导向的乡村文旅融合，不仅要注重产品与服务的市场推广，还要高效对接市场需求，通过协调整合多方面的营销要素，推进乡村文旅活动的市场化运作，引导健康的乡村文旅消费市场。

（2）乡村文旅融合的动力机制

乡村文旅融合发展的动力源于涵盖宏观、中观和微观等跨层次因素，在性质上可分为内生和外部两种动力。这两种动力相互作用，共同推动乡村文旅融合向前发展。若使这一态势演化为良性机制，应在样态变迁的过程中，通过机制优化以增强其内生动力并积极应对外部环境变化。

内生动力主要是乡村旅游市场竞争、需求变化等因素。我国乡村旅游已从单一型的农家乐向复合型的休闲、观光和度假转变，有乡村体验、生态、康养、红色教育等多种样态。通过"旅游+"模式创新推进乡村旅游纵深化、多元化发展，成为激活乡村发展新动能的有效途径。乔宇锋提出，随着生活水平的提高，游客对乡村旅游赋予更多期望和要求，文化体验和精神满足成为新趋向，这种市场需求的转型升级在客观上促进了乡村旅游和文化的融合。① 乡村文旅融合发展需要利益相关者（包括当地农民）主动对接市场需求、积极开展协同合作，在合作共赢的基础上整合乡村文旅资源，研发特色文旅产品和服务，将乡村历史文化、人物、事件等元素嵌入其中，体现乡村旅游的文化独特性和文化的旅游增值性。

外部动力主要源于科技驱动以及政府扶持、政策保障等因素。从供给侧职能来看，繁荣旅游市场对乡村经济来说具有拉内需、促消费的提振作用，并且随着政府部门系列化的政策引导和激励，乡村旅游的外部环境不断改善、提质，为乡村文旅融合提供了优质的社会环境基础。从创新驱动业态来看，人工智能、VR/AR、网络直播等新模式为乡村文旅融合提供了强劲的助推力，甚至于近两年流行的"元宇宙"或将为乡村文旅融合的数字化转型提供技术支撑，在乡村文创产品推广渠道创新（如直播电商）、乡村文旅IP、交互式与沉浸式体验、文化遗产活化传播等方面实现乡村文旅传播与应用的场景化重构。新科技提升乡村文旅服务效率并加速创新迭代，

① 乔宇锋. 文旅融合发展路径及模式研究——以河南省陕州地坑院景区为例 [J]. 河南工业大学学报（社会科学版），2021，37（04）：27-34.

50

使得乡村文旅市场更具便捷性、包容性和开放性。

在政府和政策扶持方面，政府部门主动作为，出台相关的规划、指南、意见等政策措施，为乡村文旅融合发展提供政策保障。《乡村振兴战略规划（2018—2022 年）》指出，在分类推进乡村发展过程中，要积极培育新产业、新业态，"推动文化、旅游与其他产业深度融合、创新发展"①，为乡村振兴战略下文旅融合提供行动纲领和实践指南。《"十四五"文化和旅游发展规划》提出，"利用乡村文化资源，培育文旅融合业态"②，并在"美丽乡村建设中充分预留文化和旅游空间"③，促进乡村文化和旅游联动发展。《国务院关于促进乡村产业振兴的指导意见》以及农业农村部连续三年（2019—2021 年）印发的《乡村产业工作要点》均强调，要推进业态深度融合，推进农业与文化、旅游等产业融合，以增强乡村产业发展聚合力，让农民跨界增收、跨域获利。

2. 文旅融合与乡村振兴战略的关联机制

实施乡村振兴战略是关系国计民生的系统性长期工程，其战略构成涵盖了乡村视域下的文化、旅游及其新样态。从时间节点上看，乡村振兴与文旅融合两大战略同始于 2018 年，两者的规划内容互联互涉，特别是在文化、产业、生态保护等方面具有内在的战略关联性。

（1）文旅融合与乡村振兴战略的衔接逻辑

第一，两大战略目标存在共同点，即通过乡村旅游产业的创新发展促进乡村振兴。文旅融合不是简单的产业叠加，重要的是通过"以文促旅、以旅彰文"的理念推动业态创新，这正是贯彻落实中央"三农"工作指导意见的优先发展举措之一。乡村振兴战略强调"繁荣发展乡村文化"④，保护、开发并重塑乡村文化生态，培育新产业和新业态，文旅融合是战略目标的新支点。因此，在目标层面上两者具有内容统一性。

① 乡村振兴战略规划（2018—2022 年）[M]. 北京：人民出版社，2018：63-64.

② 文化和旅游部关于印发《"十四五"文化和旅游发展规划》的通知_国务院部门文件_中国政府网 [EB/OL].（2021-06-03）[2022-11-01]. https://www.gov.cn/zhengce/zhengceku/ 2021-06-03/content5615106.htm.

③ 同②。

④ 多村振兴战略规划（2018-2022 年）[M]. 北京：人民出版社，2018：60.

第二，两大战略具有产业联结点，即以完善利益联结机制为核心，推动农村一、二、三产业深度融合。通过产业联动、项目运作、产业集聚等方式，将资本、技术及资源等要素进行优化配置，挖掘新动能和新价值，调整供给侧结构，延伸乡村产业链，创新乡村价值链。

第三，两大战略具有路径协同性，即在规划建设、新业态培育等方面相辅相成。文旅融合既有助于乡村文化保护和传承，又可以带动相关产业转型升级、创业就业、公共服务创新及新基建，乡村振兴战略也从扶贫向扶智、脱贫向共富递进。

（2）文旅融合与乡村振兴战略的政策契合

乡村振兴是中国农业农村现代化进程中的经验总结和政策创新，具有强劲的政策包容性和凝聚力，其规划内容可为其他有关政策提供知识导航，文旅融合与乡村振兴的政策契合主要表现为"内在宗旨的一致性和目标承接的具体化"[①]两个方面。

首先，从政策宗旨来看，两大战略都指向解决新时期乡村社会的主要矛盾，即乡村不平衡、不充分发展与居民日益增长的多样化需求之间的矛盾。乡村振兴战略旨在解决乡村发展滞后的问题，而文旅融合输出的新产品与新服务能够满足居民美好生活的现实需要。同时，人们的旅游潮流也从浅层次、片面化的景观感知向深度体验的文旅项目转变，推进文旅融合发展既能够增强人们的旅游获得感，又能够激活乡村旅游市场，带动当地经济增长。

其次，从政策目标来看，乡村文旅融合是对乡村振兴总体要求的具体化承接。一是文旅融合是实现乡村产业兴旺的重要途径，能够起到文旅产业提质增值、丰业富农的作用；二是文旅融合有利于乡村文化的创新性转化和乡村旅游的供给侧优化；三是乡村文旅融合的场景重设和更迭以生态文明建设为底蕴，是将"两山"理论应用于新时代美丽宜居乡村的有效途径，亦可反哺乡村生态文明建设。

（3）文旅融合与乡村振兴战略的价值耦合

文旅融合赋能"引导乡村振兴，是借助于旅游商业渠道将文化价值转

---

① 陈建. 契合中的差距：乡村振兴中的文旅融合政策论析 [J]. 长白学刊，2021（03）：72.

化为商业价值，促进乡村审美价值的生产和再生产，形成乡村文化建设、旅游发展和乡村振兴的正循环"①。在此循环生态中，乡村文化资源向产业价值的转化过程由诸多要素共同驱动和相互作用，政府、游客、企业、当地村民、从业者及其他组织共同打造文旅平台，资金流、信息流和人流通过具体的实践形态向乡村聚集，既能促进乡村文化资源、旅游产业及区域综合价值的创造、认同和分享，又能够带动以农村和农业为载体、以乡村生活为基础的新型产业体系的形成，如休闲观光、民俗文化等。在产业方面，通过将形成的文化价值转化为旅游价值，激活旅游市场主体活力，促进产业兴旺。在生态方面，乡村文旅融合发展必须重视生态保护，同时，文旅收益也可反哺美丽乡村建设方面的激励性投入。在治理方面，文旅融合推动乡村走向开放，并与外部时空联系在一起，有利于推动乡村治理从封闭型村民自治向现代化治理模式转型。

3. 文旅融合赋能乡村振兴的保障机制

乡村文旅融合可持续健康发展需要稳健有效的运行机制作为保障。借鉴前人经验，笔者尝试提出文旅融合赋能乡村振兴的"1235"保障机制。其中，"1"即一个目标：助推乡村振兴战略的深入实施。"2"即两个核心：保护和传承乡村特色文化、乡村文旅融合品牌化建设。"3"即三个原则：政府主导、市场驱动和资源整合。"5"即五条发展路径：推进政策衔接，提升精准治理效能；优化营商环境，构建协同联动机制；规避融合矛盾，探寻互补共生机制；保障农民权益，提升组织参与效能；运用新兴科技，构建数字文旅业态。文旅融合赋能乡村振兴的框架关系如图 3-1 所示。

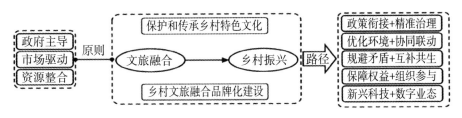

图3-1 文旅融合赋能乡村振兴的框架关系

---

① 傅才武，程玉梅. 文旅融合在乡村振兴中的作用机制与政策路径：一个宏观框架 [J]. 华中师范大学学报（人文社会科学版），2021，60（06）：73.

费孝通先生在《乡土中国》中指出，中国社会的基层是乡土性的，而这个基层就是村落。[①] 时代变迁，现代化仍遮不住乡土性的魅力。村落的乡土本色不仅体现在物质客体的保护上，更表现为对文化客体的传承上，因此，仅将乡村视为旅游目的地很难彰显乡村的精神内涵。[②] 乡村文旅融合项目的开发和保护，不仅可以激活乡村的物质留存，如巷弄、祠堂、古井、池塘等，唤起当代人们的乡愁和记忆，还能通过"非遗"的活化，如乡村传统技艺、仪式、习俗的主题化活动呈现，增强乡村文旅融合样态的可见度、影响力和吸引力。保护和传承特色文化是乡村文旅融合的核心理念，这种文化是历史价值的当代建构。乡村文化氛围、形态及其内涵通过旅游活动得以传承，"以文化人"成为乡村旅游保持生命力的营养之源，相互浸润并融合发展。

文旅融合发展的战略支点是乡村振兴，出发点和落脚点是通过乡村文旅融合发展，实现助农富农以及在乡村集体层面达到共同富裕。借力乡村文旅融合，深入推进乡村振兴战略实践，不仅要聚焦文化这一核心要素，还要通过品牌化建设，保持和增强乡村文旅市场竞争力。品牌化运营是推进乡村文旅融合发展的两大核心之一。乡村文旅融合的品牌建设要培养业态参与者的品牌意识，突出乡村特色元素，从品牌的定位和设计到品牌的推广和维护，形成链式思维和执行力。另外，还要完善品牌支撑和优化体系，如文旅品牌的生态传播策略、创建示范点（基地）、申领荣誉称号、挖掘乡村文旅 IP 培育"基因"，注重差异化策略和形象维护，提升乡村风貌，拓展营销渠道以及促进跨界合作。

基层政府应主动对接并融入文旅融合新发展格局，立足乡村实际，坚持规划先行，从财、税、地、商、奖等方面提供组织支持并营造良好环境，组建专班或工作组，行使协调、督促、规范等重要职能。政府的作用主要是引导和支持各类主体积极参与乡村文旅融合实践，文旅融合所涉产业价值链等环节需按照市场机制，有效发挥"经济人"的驱动作用，对照旅游市场需求，实施乡村文化的内涵式创新，构建价值共创的乡村文旅融合市

① 费孝通. 乡土中国 [M]. 上海：华东师范大学出版社，2018：1.

② 陈家志. 乡村振兴背景下实施"乡村文化＋旅游"路径探析——以福建省福鼎市为例 [J]. 乡村论丛，2021（05）：106–112.

场机制。^① 促进乡村文旅融合，资源整合亦是关键，重要的是实现乡村优势资源（如传统习俗、乡土文风、生态环境、古迹等）的优化配置。通过文旅融合赋能乡村振兴的战略要义，就是要善于挖掘和开发优势资源，找准文旅融合的结合点并突出"卖点"，注重包装和营销推广。同时，发挥文旅资源在乡村振兴过程中的可持续性生产价值，体现资源的资产属性和增值空间，努力实现乡村文旅资源惠农效益最大化。

（二）农文旅融合发展现状分析

1. 文旅融合背景下乡村旅游发展的问题

（1）城市化发展进程过快导致乡村文化传承主体断层缺位

传承是文化传递和延续的过程。就当前我国乡村传统文化传承而言，村民作为乡村文化传承的主体，是乡村文化传承发展的主观能动因素，也是乡村文化传承问题的根本因素。然而在我国现代化进程中，现代的文化价值取向主要以城市为话语阵地，城市文化也随着城镇化的迅速发展成为当前社会的引领性文化，乡村文化已被挤压：乡村传统特色民居遭到不同程度的破坏，有一些甚至已经消失；村规民约、家风家训等民俗规范认同感降低甚至渐趋消解；传统技艺面临失传；民俗仪式及民俗活动渐趋式微；村民在面对乡土文化时没有自信心，并且极为崇拜城市生活。大量农村青壮年涌入城市，在希望通过自己的努力让自己或孩子摆脱农村人的身份，真正融入城市，在这种情况下，老年人和青少年成为农村的主要居住群体，乡村文化的发展和生存日益困难，文化传承的主体出现断层和缺位。

（2）乡村旅游产品同质化

大部分城市游客为了了解更多的乡村文化而来到乡村，但目前乡村旅游项目主要以资源消耗为主，如农家乐、果蔬采摘或传统的自然景观观光等，这种类型的旅游活动对生态环境和季节具有明显的依赖性，缺少对文化内涵的挖掘，导致乡村旅游产品同质化现象十分严重，无法满足城市游客多样化的需求。此外，由于公共卫生间和垃圾处理设备等公共基础设施配套不完善，乡村地区尚未形成完善的旅游服务保障体系，致使游客体验不佳，造成游客停留时间短、回头率不高等问题，乡村旅游经济发展空间逐渐变小。

---

① 邹统钎. 走向市场驱动的文旅融合 [J]. 人民论坛·学术前沿，2021（Z1）：107-115.

（3）乡村文化展示与传递效果不理想

乡村文化淳朴、独特，具有旺盛的生命力，丰富的文化资源造就了乡村旅游的独特魅力，但由于缺乏系统化、规范化的建设和管理，乡村文化无法得到有效的传递和展示。从不少地区的实践中不难发现，多数乡村旅游项目不仅缺少健全、规范的解说系统，还缺少专业的解说人员。当前，我国专业化的乡村旅游解说人员非常少，解说服务站点也十分有限。大部分解说员都没有经过专业化教育培训，解说工作大多由本地居民担任，其解说意识、技能、水平都非常低，无法完整展示、传递当地特有的文化符号的内涵，增加乡村旅游的吸引力。

2. 文旅融合背景下乡村文化活态程度演变及文化活态丧失溯因

（1）文旅融合背景下乡村文化活态程度演变

随着乡村旅游产业发生转变，生产方式也发生变化。现阶段，旅游型乡村普遍采用沉浸式体验的精细化发展模式。这种旅游生产方式"对承载空间提出需求，同时也生产了与之相关的社会关系"①。新型社会关系使用并改造现有的固定模式空间，有时甚至对其产生冲击和破坏。乡村文化处于不断重塑和活力变化之中，新兴文化不断注入，文化活态程度不断演变（如图3-2）。随着规模的不断扩大，旅游业正在把拥有文化景观的村镇重新定义为消费对象，文化活态也正是依托旅游体验的形式发展。通过从空间生产视角梳理现阶段旅游型乡村转型发展全过程，并运用空间生产理论分析过程中乡村文化活态程度的演变，方可找到旅游型乡村文化活态丧失的内在原因。

---

① 亨利·列斐伏尔. 空间的生产 [M]. 刘怀玉，译. 北京：商务印书馆，2021：15.

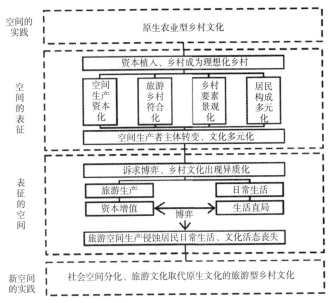

图3-2 现行旅游型乡村文化活态程度演变过程

①自主发展，低速演变的空间实践

对于一个自主发展的原生农业型乡村，其乡村文化可以看作低速演变的空间实践。空间实践是人们依据生产方式产生各种可感知的物质空间，是以其承载的日常生产生活为导向的空间模式。这一阶段的突出特点是空间"对应每种社会形态的特色场所和空间特性"①。规模化发展旅游业的乡村可以被认知为这种空间实践。

乡村旅游活动出现前，乡村处于封闭的社会关系与稳定的生产关系之中，生产方式为传统的农业生产方式，所以乡村空间长期处于稳定的适应农业生产模式之中。景观条件优越的乡村会出现自发性的参观活动，但游客少且均来自周边小范围地区，他们选取自然景观条件较好的村落作为周末的踏青目的地。这一阶段乡村空间实践主体为村民，城市游客人群只是"借用"乡村空间的客体，其需求对空间模式影响很小。因此，空间属性也保持了农业社会形态的特色场所和空间特性，乡村保持传统的农业文化发展

---

① 刘洋，车震宇. 基于社区居民行为的旅游空间生产研究综述[J]. 价值工程，2016，35（06）：16.

路径缓慢展开。

这一阶段，乡村文化呈现低速自然演变的特征。一方面，村内居民仍从事农业种植，并未出现大量的以文旅服务为主业的人口；另一方面，游客的游览都是短暂停留，也不会给社会结构带来变化。虽然也有一部分村民个体开始从事有机农业兼顾观光农业，但这只是村民个体自发的符合生产生活需求的空间实践。因此，现阶段小规模旅游活动并未对文化发展路径产生较大干扰。这一阶段，村民内生行为使得基础设施和生活水平均得到改善，但是由于非旅游因素带来的城镇化因素干预，乡村空间风貌、生活习性不可避免地发生变化。受到合村并居、整村搬迁等因素的影响，房屋风格趋同，脱离传统建造工艺导致当地特色风貌、传统行为习惯受到不同程度的冲击。这也是一些村庄尚未发展乡村旅游但乡村风貌仍在城镇化大潮中遭到破坏的原因。

②资本植入，理想乡村的空间表征

当资本注入乡村进行文旅转型时，往往会让乡村呈现理想化乡村的空间表征。空间表征所代表的是抽象的空间，包含社会空间中生产关系及其秩序层面被构想的维度，它是通过符号、规划来实现主导地位的管理部门、规划主导者意图的空间。从这点来看，它是一个概念化空间。旅游型乡村从规划设计到建设完工都属于这一阶段，这也是现行旅游型乡村转型的主要着力点。

这一阶段资本植入提高了乡村文化的商品化（如图3-3），同时外来力量注入影响了乡村文化的内生发展。村民与政府作为内部主体诉求建设提升乡村空间、改善生活质量，而外部主体旨在建设改善乡村空间，增强乡村物质和文化遗产的商品属性，提高并加强企业的市场。政府作为转型引领者通过"双招双引"与企业达成合作，企业注入资本成为空间消费者，所以设计者按照政府与运营商的诉求设计旅游空间。这种公私合作模式，在基础建设初期，内外主体诉求一致，但随着资本的不断置入，空间表征阶段乡村文化向着"理想化乡村"不断发展。

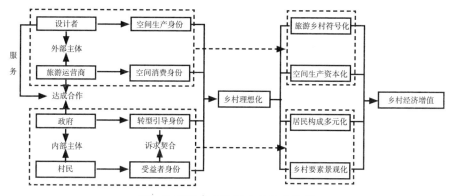

图3-3 空间表征阶段乡村运行过程

"理想化乡村"是指空间生产者与消费者之间首先达成一个空间意向协议，根据印象中的乡村特征，进行符合观众预设想象的乡村塑造，即在旅游型乡村空间表征中表现为运营商以游客寻找乡愁的诉求和对乡村的认知为导向，与设计师达成意向协议，创造能够引起观众共鸣、认同的标签化乡村。具体表现如下。

第一，乡村旅游要素呈现符号化。空间的表征中主要是提取实体空间类型化特征转化为符号，形成抽象空间。例如：徽派建筑标志性的高低错落的村庄布局、白墙灰瓦的村庄色彩、马头墙等建筑构成要素是被广泛认可的徽派乡村特征。实体空间转化为认识层面的抽象空间，构成由标志物组成的理想空间，乡村的符号化认知推动了游客心目中的理想乡村的出现，但是，符号化的旅游型乡村难免忽略认知对象个性。在现行的旅游型乡村建设实践过程中，往往提取标志性类型化乡村文化标记作为乡村文化符号，在认知层面构成符号化的乡村抽象空间表征。这种认知往往由一系列特点突出、相同的符号组团叠加形成，而同类型空间的不同个体特殊的构成要素被忽略掉。

第二，旅游空间生产呈现资本化。人们认识到"旅游目的地对游客的吸引力在于能够通过独特的物质文化和创造力来表达主体的个性化身份，从而获得区别于他人的体验感"[①]。在经济效益驱动下，旅游运营企业以游

---

① 符颢，朱喜钢，孙洁. 遗产商品化理论视角下旅游型乡村的中产化进程研究——以福建一都镇为例[J]. 现代城市研究，2021（08）：128.

客对乡村的设想和期待作为旅游乡村建设的导向，空间营建成为特定主题下运用当代技术手段对历史信息的清晰投影。出于商业化目的，旅游空间生产的驱动力是经济效益，在资本化空间生产中，乡村空间及其所承载的乡村文化经济价值不断被挖掘和利用。

第三，乡村组成要素出现景观化。设计师、旅游产业运营方根据符号化特征要素进行突出要素空间的改造设计甚至再造，用当地特有的建筑元素掩盖新建房屋中的现代材料和设备，或者将废弃空间改造成加工、销售商品的独特环境作为村庄的视觉焦点，并鼓励村民进行商业活动。这个焦点形成生产和消费乡村文化遗产的集合市场。此外，乡村打造某种特定的节事活动作为"旅游名片"，形成植根于欣赏价值的理想化乡村。在这个过程中，资本植入下的新建设施联结整个乡村关系网络，将社会生活重新塑造为一种映射到个体生产和消费的抽象表现，当地村民则被重新记录为一种文化事实，与村庄、房屋以及生产生活等象征性活动一同被定位为景观。

第四，居民构成逐渐多元化。一系列"网红村"的形成使乡村文化趋向于展示功能，文化形象重塑完成定型。当旅游消费者体验理想化乡村的预期得到满足后，游客就会大量涌入，还有一部分艺术创作者进驻乡村创办工作室、建设度假别墅，积极参与当地的文化活动及艺术创作，成为新居民。这一阶段，消费水平的提升为企业带来经济效益，基础设计的提升也改善了居民的生活水平，对乡村文化的对外发展宣传有一定积极影响。不可否认，这种对原生态文化的外力干预带来的乡村经济增值行动切实建构着乡村文化重塑的必要条件。

③诉求博弈，文化异质的表征空间

在现行旅游型乡村运营过程中，多元主体因诉求偏离而进行博弈，进入文化异质的表征空间阶段。表征的空间是指亲身经历的空间，使用者在日常意义及地方知识中生产和使用中的社会空间。①在旅游型乡村建成投入运营之后，进入表征空间阶段，在经历一定的资本循环之后，文化异质的弊端开始凸显。

在旅游型乡村运营过程中，资本增值、旅游市场扩大引发居民生活反抗、

———————————

① 郭文. 旅游空间生产理论探索与古镇实践 [M]. 北京：科学出版社，2015：26.

日常生活异化、乡村文化受侵蚀，继而引发旅游市场收缩，推动着表征空间阶段乡村的运行（如图3-4）。

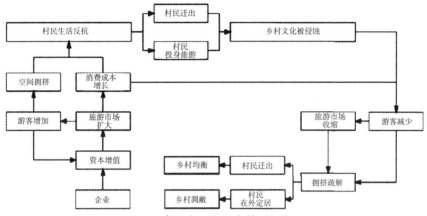

图3-4　表征空间阶段乡村运行过程

表征空间阶段旅游产业发展聚焦游客诉求，忽略了村民的需求，乡村文化呈现异质化特征。旅游型乡村空间在空间表征过程中，其"使用价值"被压制，而"交换价值"被凸显。起初，村民在表征空间过程中的"抵抗"态势并不明显，反而"内化"趋势更多。[①] 随着商业投资的上升，商家为满足游客的需求不断推出新的服务，占用乡村空间打造"整体打包"的旅游村，一切活动完全围绕游客需求展开。乡村旅游产生的剩余价值重新投入商业活动中，商品化景观不断增加。与此同时，服务村民日常生活的商店、活动空间受到侵占和挤压，村民生活质量下降，生活成本提高。所以，部分居民开始进行消极的日常生活的反抗，向外迁移，迁居他处；而留下来的村民迎合这种改变，成为旅游市场的参与者，甚至成为旅游资源一部分。这时，村民依然被边缘化或者成为旅游景观的一部分，村民日常生活的原真性丧失，乡村文化已经受到了旅游空间生产的侵蚀。

文化异质带来的弊端在空间的表征中得以展现，村民生活原真性的丧失促使理想化乡村文化失活，对游客和入驻新居民的吸引力也就随之下降，随后游客、入驻新居民数量下降。这一时期的旅游型乡村有两个发展走向：

① 高慧智，张京祥，罗震东. 复兴还是异化？消费文化驱动下的大都市边缘乡村空间转型——对高淳国际慢城大山村的实证观察 [J]. 国际城市规划，2014，29（01）：68-73.

一是随着外来人口下降，村民重新回归乡村，日常生活得到一定程度恢复，断层的文化活力接续发展，旅游规模保持在稳定范围，乡村旅游可持续发展；二是外来人口不断下降，而村民没有重新回归乡村，乡村文化活力进入恶性循环，乡村旅游业规模下降，乡村进入凋敝状态。

村民的日常生活和文化体验被边缘化，进而导致具有特色的乡村意识和凝聚力瓦解，使乡村文化内核分崩离析，文化活态高度异质，现行旅游空间生产模式的弊端在表征空间阶段显现。这一阶段之后，乡村经过一段时间的空间重构，又会进入新社会结构下的"空间实践"，但这种空间实践的走向是不明确的。一旦发生文化断层不可持续，现存文旅产业带来的结果便与初心背道而驰，不仅无法带来文化的创造性转化、创新性发展，还会造成传统文化的割裂和断层，所以这就需要在旅游发展过程中对其进行防患于未然的营建模式修正。

（2）旅游型乡村文化活态丧失溯因

①空间生产主体偏离

通过对旅游型乡村个体发展阶段进行梳理分析，发现随着旅游活动不断发展，三个阶段乡村原生文化活态程度不断降低。通过空间生产理论的逻辑演绎发现，这一问题的原因在于空间生产主体的偏离与失衡（如图3-5）。

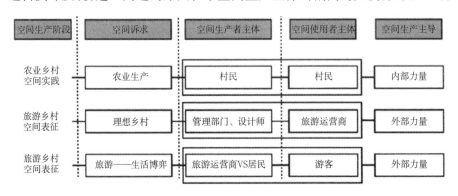

图3-5 不同阶段空间生产参与主体与诉求

在空间实践阶段，原始自然村落的空间生产者和使用者主体都是当地村民，在这一阶段内部力量是乡村空间生产的主导力量。在空间表征阶段，空间生产者主体是管理部门、设计师，使用者主体是旅游运营商，空间生产主导力量是外部力量。在空间表征阶段，空间生产者主体是互相博弈的运营商与村民，使用者主体是游客。由于内外力量差距较大且上一阶段居民缺位，在与运营商的博弈中，村民日常生活的反抗带来居民的迁移，但并未影响资本增值循环，空间生产仍由外部力量主导。

随着旅游产业的不断发展，可以发现空间生产者主体逐渐向乡村外部力量转移，而后续空间使用者也逐渐向外部人员转移。文化消费带来的经济收益作为经济资本不断投入新一轮旅游空间生产，而不是投入改善居民生活和文化环境，居民在旅游产业中角色逐渐被边缘化。所以，这一过程中双向流动文化场无法形成，当地文化无法保持活态的连续性继承发展。

②空间生产方式失策

在以往的乡村旅游发展中，乡村空间被逐步抽象为一种独有的生产资料，产生的剩余价值不断投入新的生产活动，形成新的消费产品，空间的消费价值远超过其使用价值。旅游型乡村的文化异质演变的原因在于，旅游产业的发展导致在经济效益驱使下，旅游空间生产出现展品化、异质化、雷同化、收缩化问题，居民日常生活被旅游产业发展过度侵蚀，旅游空间生产与居民日常生活出现不均衡（见表3-1）。

表3-1　活态丧失的空间生产方式

空间生产方式	空间操作	生产原因	活态丧失空间表现	图示	
				原生	现状
展品化	异化	脱离原有活动属性，转为以满足对原有空间进行观展诉求为目标的空间生产模式	季候化空间脱离化空间	乡村文化遗产	隔离参观
异质化	镶嵌	新型功能空间打破原有空间结构形态，形成迥异、隔离的空间斑块以及"中心—边缘"等级	碎片化空间边缘化空间	均质结构、贯通联系	等级化格局、联系阻断
雷同化	复制	对别处既有成功的空间生产模式照搬，进行复制性扩张	同质化空间舞台化空间	成功模式案例	各地效仿
收缩化	取代	空间原有活动功能淡化或被取代，植入新的存在根本差异的空间模式	符号化空间突变化空间	原生空间属性	内涵突变

A. 区域整体展品化

空间生产理论认为，空间是生产活动的生产要素，而空间是物质空间与社会活动共同组成的社会空间。但在常见的文旅转型乡村空间展示性质改造中，实体空间与活动的互动关系属性改变，互动活力降低，生活性、场所感丧失，空间沦为旅游展品，缺少新的文化融入以及传统文化的有机更新。具体表现如下。

a. 空间活力季候化。单一旅游导向的空间设计使旅游淡季与旺季的空间活力产生巨大差异，焦点中心区域只有在节假日作为展示物才被感知。以淄博旱码头传统街区为例，节假日游客数量激增，空间活力程度高（如图3-6）；但工作日游客数量较少，空间活力低，甚至有时出现门可罗雀的情景（如图3-7）。在节假日等因素影响下，旅游活动必然存在季候性，但乡村空间活力不应仅依赖游客活动，居民活动也应作为乡村整体活力的重要因素。

图3-6 节假日的淄博旱码头传统街区　　图3-7 工作日的淄博旱码头传统街区

b. 空间活动脱离化。原本具有具体功能、发生具体活动的空间成为单一陈列展示空间，空间属性由动态转化为静态。以国家级传统村落济南章丘朱家峪村为例，村中各类历史遗存建筑在旅游转型影响下均被改为不同规模、不同主题的展览馆（如图3-8）。山阴小学（如图3-9）承载了革命年代的教育历史背景、学习环境等文化信息，被改造为陈列馆，教舍窗洞被填充改造为展墙，室内环境昏暗，以射灯采光。置身其间，游览者很难体会山阴小学的文化内涵，只能通过书面化的文字、图片介绍了解其历史。朱家祠堂（如图3-10）现被改造为展览馆，原有的宗族仪式已经被取消。对游客而言，很难想象"祠堂""宗族"所代表的含义；对村民而言，祠堂是乡村以血缘为纽带的社会关系的重要载体，是神圣庄重的领地，将其作为公开展览空间是对其文化的亵渎，村民以血缘为核心的凝聚力遭到破坏。

反映到空间层面，乡村区域整体展品化表现在空间与活动的脱节，所以乡村的文旅转型应当从活动出发研究，强调社会活动与物质空间的契合度。

图3-8 朱家峪景区展览馆分布　图3-9 山阴小学展览馆　图3-10 朱家祠堂展览馆

B. 生活活力异质化

传统的村落建设以生活性、秩序性为建设遵循，旅游改造后以参观展示为导向的空间布局取代了生活理念对布局、体量的主导地位，私密性、功能性发生了巨大变化。根据空间生产理论，空间社会活力作为社会关系的反映，属于乡村的抽象空间，呈现碎片化、等级化特性。具体表现如下。

a. 空间结构碎片化。在资本化的转型动因之下，生活活力的异质化导致乡村空间碎片化。乡村价值与旅游价值互斥主导下的空间生产聚焦游客需求导向的空间提升，不能惠及居民日常生活，村民被隔离在旅游区之外；固定的游览流线将原本一体的乡村聚落空间人为分离，原生乡村活动流程秩序被打破；而通过区域改造形成的旅游区域中，私密属性空间转变为公共属性空间，居民日常生活被旅游活动干扰。

b. 居民主体边缘化。在旅游型乡村中，居民的主体地位面临着不同程度的边缘化，他们日常生活受扰、公共权力失语、环境破坏和生产建设受阻，受到空间主体边缘性的困扰，进而导致中心－边缘式空间格局。具有商业价值的区域获得大量资源形成符号堆砌，成为视觉焦点，但旅游区域商业价值带来的经济收益并没有用于生活区域，而是作为新的资本积累投入到新一轮旅游空间生产中，不能满足游览需求的生活空间逐渐与乡村主体空间隔离，造成乡村中心振兴，边缘衰落。

反映到空间层面，在统一的旅游开发规划之下，原生农业型乡村完整的社会空间结构被打破，一体化乡村各区域间联系丧失，原有场所感消逝。建筑的翻修、空间的重塑忽略了村民与社会的联系村落的基础设施，房前屋后空间被挤占、控制，村民不能进行住宅新建或扩建，生活空间不能随着生活质量的提高而改善。

C. 风俗体验雷同化

由于规模化快速增量发展，对乡村本土文化内涵研究不深入，旅游要素内容注重于物质空间本身而对精神内涵挖掘不足，文化要素类型并未上升到地域特色。由于类型化文化符号组成抽象空间，模式化模仿多于自身特色挖掘，个性发展缺位导致自身风俗文化体现不足。具体表现如下。

a. 旅游规划同质化。在各地推进乡村旅游的过程中，一些地方照抄其他旅游项目，经营模式和规模相似；个别地方政府在开发过程中要求乡村建设统一，导致定位雷同，旅游者在游玩过程中主要体验农家乐、天然采摘和儿童游乐等项目，很难体会到具有本地风俗特色的乡村文化，缺少记忆点。

b. 习俗仪式舞台化。乡村旅游开发主要依托本地的自然资源和人文资源，乡村习俗是一种重要的人文资源。传统的乡村习俗是通过特定时间进行的一系列程式化仪式，表达对美好生活的期许及对参与者内心的敬畏，但随着生活方式的改变，乡风习俗的神秘性逐渐消失。与此同时，结合游客参观活动的影响，一些乡村复制以往习俗仪式成为日常化表演，特定时间限制被打破，地域性习俗被模糊；而新出现的旅游节形式雷同，内涵不足。例如一些地方的乡村丰收节虽然商业意味浓厚，却忽视了农民对"丰收"的期许。

反映到空间建设层面，由于乡村风俗体验项目的单一性，乡村空间形式、建筑风貌大同小异，容易造成旅游者的审美疲劳。长此以往，不仅不能满足游客日益增长的多样化、个性化需求，而且会造成乡村文化资源的相似性和雷同性，破坏乡村文化活态，不利于乡村旅游的可持续发展。

D. 生产活动收缩化

乡村文旅转型实质上是生产关系、生产方式的改变。从传统农村产业结构来看，农业、手工业占到重要比例；同时，农业、手工业是中国传统农耕文明的重要内涵。随着旅游业的发展，原生生产方式受到冲击，低经济效益的原生生产活动被取代，生产工艺也停滞发展。具体表现如下。

a. 传统生产符号化。大量乡村聚焦于旅游业而忽略了其传统农业、手工业的发展。耕地旅游化、生产方式非农化、农业从业人员数量降低导致当地传统农作生产发展逐步趋于收缩状态，在影响农业发展的同时也打乱了传统的文化环境。居民聚焦旅游业忽视农业生产和制造业的技术更新。手工艺制作成为一种针对游客的演出活动，不追求质量而演变成当地文化的抽象符号，作为旅游附属品出现，缺乏商品本身的市场竞争力；传统农业生产方式与当前农业生产模式不匹配，农业生产效率发展缓慢。

b. 人地关系突变化。随着乡村旅游、观光农业的发展，乡村人地关系发生重要转变。乡村土地用地性质多元化，原生生产空间功能属性必然发生演变，如一些空间属性突变，传统生产活动消失，原生产空间闲置；空间归属突变，闲置生产空间激活主导权专属运营企业。

反映到空间层面，表现为生产空间功能的消极转换。原有的耕地、生产工坊被废弃或被不相关的旅游功能占用。部分耕地被占用，建设成公共建筑，部分传统作坊被改造为咖啡店、酒吧等现代商业功能、旅游服务空间。新的生产关系、生产方式出现应当受到尊重，但原生生产方式同时也应当被继承，并在保护的基础上进行符合当下生产需求的创新性改造。

3. 农文旅融合的矛盾

文旅融合在实现乡村振兴的过程中，文化与旅游由于各自性质不同——"文化"有自身独特的内在文化逻辑，"旅游"也展现着自身个性化的归属，二者的融合不可避免地存在各类矛盾冲突，必须正视。

（1）文化与旅游追求的利益矛盾

我国的旅游业发展已将近40年，通俗理解，即跨越地域的消费、休闲、观光、娱乐过程，而文化则更多以精神、意识、认知等内敛性形式存在。相比之下，旅游的利益追求显而易见，文化的利益性较之则明显弱化。也正是由于对利益的追求，在文旅融合中，旅游要求文化更具噱头、创意、个性，以此博取眼球，吸引更多游客。尽管这一方式对乡村振兴的战略目标有益，但众所周知，乡村所处的地理位置基本较为偏远，沉淀积累的文化资源一是稀缺，二是有它自身固有的存在方式，不宜因外界环境和市场需求而改变。旅游为达到商业目的，不惜异化、篡改乡村文化，甚至以"无中生有"的方式造假。这一系列行为不仅无益于乡村传统文化的传承和保护，甚至会影响子孙后代对自身文化的本质认识，误认为舞台表演、广告宣传即为"文化传承"，从而忽略了精神传承。以唐朝诗人杜甫衍生的文化资源为例，与之相关的故里、祠堂、草堂、江阁、墓地在全国有 10 余处，其中郑州、杭州有杜甫故里 2 处，西安、成都、耒阳、长沙有杜甫草堂、江阁共 4 处。各地为争夺旅游资源，纷纷打上"杜甫"标签，一时间让游客"不辨故里""不知所然"。还有远近闻名的"老子故里之争"，一说于河南，另一说于安徽，这场争端自 20 世纪 90 年代开始便持续升级，到 2011 年，这一争闹甚至直接进入某省高考试卷，硬生生将河南鹿邑县明道宫的照片变成了涡阳老子庙，啼笑皆非。可见，受旅游利益驱使，在文旅融合过程中，文化资源也势必面临着被争夺、篡改的局面，对于文化的传承和保护来说真是不知祸福。

（2）文化与旅游的规则矛盾

旅游规则以满足游客的身心需求和体验感为主，文化规则以丰富和浸润人们的精神世界为主。这一矛盾导致二者在融合过程中要求必须有一方妥协，而从融合结果来看，妥协方基本为"文化"：以文化改造的方式，迎合大众娱乐、观赏、体验等方面的需求，使原本淳朴的文化资源商业气息浓厚，文化的内隐性价值面临断层和遗失，久而久之便只剩一副"花架子"，无法实现可持续发展。自乡村振兴战略提出后，个别乡村的发展与经济效益以肉眼可见的速度提升，成为典型案例，吸引了全国大批乡镇效仿，但由于缺乏科学管理与统一规划，又加之利益驱使，村民在文旅融合过程中只关注"旅游"，忽略了"文化"，常常为了开发资源，对原始环境、地貌和传统文化造成极大破坏，缺乏可持续发展意识。村民普遍不关心、不理解、不在意乡村文化，文旅融合无法以正式、严谨的状态呈现给游客，而是以娱乐化的形式满足游客需求，这一偏差也直接使得游客对传统乡村文化不关心、不理解、不在意，许多优秀传统文化无法通过游客向外传播，从而逐渐消亡，文化与旅游之间的矛盾随之日益加重。

（3）文旅产品消费特征的矛盾

大多游客旅游的动机是为了短暂逃离城市高压，在心灵和精神上得到放松和缓冲，因此游客在旅游过程中会追求新奇、刺激、异域、独特等心理体验，往往也会在这类旅游项目上表现出更大的消费意愿。而乡村文化基本是以民风、民俗、语言、服饰、节日、歌舞、生活习惯、村落建筑等形式体现，其中许多元素都无法以直接的消费产品展示，同时在其本质层面上也并不具备消费特性。乡村振兴战略提出后，许多村落的地方方言、服饰、歌舞、民俗等都被包装成"商品"。比如许多少数民族的歌舞，原本只在特定节日或祭祀活动中才出现，但文旅融合后，基本每天都会有固定的时间段表演。这种商业化展示一是失去歌舞活动原本庄重、肃穆等意味，二是后期被人为地添加设计，现代化元素显著，且对外营利，三是歌舞表演人员也很少有土著村民参与其中。随着文旅融合的推进，大批城市游客涌入，许多少数民族由原本的方言沟通逐渐过渡到使用普通话，生活习惯、民风、民俗、村落建筑等也逐渐被同化。这使得乡村的生产方式由传统的农业转为工业化，村民的经济价值观也发生了重大转变，纷纷追求经济利益，对原始的自然文化资源造成了毁灭性破坏。

（4）文旅发展的差异化矛盾

文旅融合发展目前最大的矛盾是同质化现象严重。不同地域、不同民族所蕴藏的文化资源风格各异，但在追求乡村振兴和文旅融合成效时，各乡村之间互相复刻、模仿、照搬，掩盖了乡村原本的个性特色。同时，其在与当地乡村融合时也是矛盾倍出，不仅游客产生审美疲劳，乡村之间也因其优势的丧失变得"千人一面"，无法脱颖而出。这种过度复制不仅是对文化的扭曲和伪造，也不符合文化自然传承的内在规律和逻辑，且与文旅融合和乡村振兴的最初目的相违背。自乡村振兴战略施行以来，各地政府对乡村经济发展予以高度重视，但也正是由于过度关注经济，反而未认清自身实际状况，盲目跟从。尽管文旅融合已是大势所趋，但二者并未以自然糅合方式完成，而是政策干预后的结果，文化的独特性和旅游的广泛性未得到厘清，因此最终呈现大同小异的文旅模式。

二、国内外农旅融合发展的经验与启示

（一）国外先进做法和经验

1. 荷兰：农业产业链

荷兰地少人多，农业资源贫乏，是世界著名的低地国家，人均耕地面积仅一亩多，但是倚仗着高度整合和极具创意的农业、环环相扣的农业产业链设置以及链环上各利益主体的协同服务和努力，产业聚合效应不断显现，产业链的整体价值持续彰显。20世纪90年代以来，荷兰的畜牧业、花卉产业和农产品加工业的国际竞争力位居世界前列。

（1）强化产业链条整合

荷兰高度重视产业链条整合，培育出了一批诸如"农业产业链竞争能力中心""链网、链群和信息通信技术研究中心"等享有国际声誉和影响力的农业供应链管理科学研究机构，累计投入近亿美元，用于资助和建设多个农业产业价值链试点项目。通过文化、制度、组织等因素的不断融入，农业生产各环节附加值大增，农业效率值不断提高。以花卉产业为例，荷兰的花卉产业链组织集研发生产、宣传推广、储运销售和信息服务于一体，常年稳定供应高质量的花卉产品，极大地提高了产业链经营水平和经济发展方式的深层次转变。

（2）健全社会化服务体系

荷兰政府高度重视社会化服务体系建设。以畜牧业为例，荷兰不断建立和健全涵盖奶牛繁育、饲养、健康、消费和金融等众多领域的社会化服务体系。在繁育端，荷兰乳制品质量检测中心（Qlip）作为全球领先的第三方乳品检测机构，凭借其专业可靠的分析手段，不断发挥着极其重要的产业链监督作用。在饲养和健康端，作为世界第二大奶牛育种公司的荷兰CRV根据荷兰乳制品质量检测中心的数据，通过现场指导、牛群监测、基因检测等社会化服务为奶农提供建议，帮助奶农提高牛群质量和改进牛群品种。在消费和金融端，荷兰农业合作银行（Rabo Bank Nederl-ands）提供了90%的农业贷款给荷兰全国几千家牧场主，极大地支持了荷兰奶业的创新和发展。

（3）注重提升文化竞争力

荷兰有"创意之国"和"设计之邦"的美誉，是世界最大的郁金香生产地和集散地，经过约300年的文化发展和沉淀，荷兰郁金香文化已经深深地植根于荷兰人民的心中，形成了文化艺术含量和附加值极高的农业新形态。像荷兰这样，90亿株年产量中的三分之二被出口到美国和德国等国家，在输出花卉的同时输出浓厚的荷兰郁金香文化，培养成一个国家的重要经济支柱，在世界范围内也是罕见的。

（4）发挥拍卖市场作用

荷兰的拍卖行业十分发达，并始终践行着严格的市场准入和公平的市场交易准则体系，从生产者到拍卖场，再到批发商（连锁店）或者零售店（超市），最后到达消费者的基本流程得到了广泛的运用和遵循。"荷兰式拍卖"优点突出，花农和菜农的合作社既是农产品的生产地，也是农产品的储存、冷藏、标准化包装及运输场所，更是农产品的集散地和拍卖场。其高效便捷的运作模式，既有效避免了农业生产者间的同质竞争，也大大地降低了农产品的销售成本。

（5）培育专业型合作组织

专业型合作组织遍及荷兰农业各领域，依照用途和范围可分为工业投入品购买销售型、农产品和园艺产品加工销售型、贷款提供型、拍卖型、合同签订型、保险买卖型、会计等其他服务型等。专业型合作组织一般只提供某一个类型项目的服务，服务对象和内容十分集中，有利于引导农民做深做精某一种产品，进行质量改进、科技研发、精深加工和市场营销等。荷兰皇家菲仕兰坎皮纳公司（Royal Friesland Campina N.V.）就是典型合作社机制的代表，超过一万多家自有牧场和两万名奶农会员遍布欧洲各国，奶农利益跟公司利益联结紧密，每个奶农都是公司股东之一，既能享受公司发展收益和股权分红，还能通过股权决定公司的发展方向。

2. 法国：乡村旅游

法国是世界上著名的旅游大国，其旅游体系主要由四个部分组成：蓝色旅游（以滨海游为代表）、白色旅游（以高山滑雪为代表）、城市旅游（以城市名胜古迹为代表）、乡村旅游（以乡村游为代表）。2000年以来，法国乡村旅游业不断发展，逐渐跃居法国四大旅游体系第二位，在扩大农产品直销、保护农村历史遗存等方面发挥了不可或缺的积极作用。

（1）注重特色产业的培育

法国政府关注特色产业的培育，各地形成独具一格的产业特色。在以薰衣草为特色的普罗旺斯，薰衣草的种植、提炼以及"薰衣草旅游"体验产品的开发都做到了极致，吸引了大批的游客前来旅游。在以葡萄种植和体验、葡萄酒生产和品鉴、葡萄庄园休闲度假为特色的世界美酒之都——波尔多，每位农场主都拥有数个自有葡萄酒庄，每个葡萄酒庄都开创和经营着数个自有葡萄酒品牌，其酿造的葡萄酒销往世界各地，不仅带动了葡萄农业、葡萄工业的发展，而且还带动了以"葡萄酒旅游"为代表的第三产业的发展。

（2）注重旅游文化的原真性

法国十分注重旅游文化的原真性，崇尚个性化和传承法兰西民族的多样性的"美丽小乡村"，反对泯灭乡村个性特色和核心文化内容的城镇化改造。曾经一段时间，中国人把"城乡"看成是"雅俗"，即"城雅乡俗"。法国人的观点却正好相反，他们认为城市中物欲奢靡以及过度的商业化才是粗俗的表现，而只有自然的清风美景才是一切高雅的终极源头。因此，对于法国乡村而言，美丽并不意味着要一味地强求乡村道路更宽敞、乡村酒店更豪华、乡村的古镇更商业，相比之下，整齐有序、古朴大方与和蔼可亲，一座古宅、一口老井、一棵老树、一段传奇就足以让人流连忘返。

（3）注重发挥行业协会功能

作为半官半民性质的公共职业联合机构，法国农会一方面需要处理或者协助处理农业行政事务，另一方面要为法国农户提供各种服务，还要站在农民的立场与政府交涉，具有亦官亦商的双重身份。此外，全国几万个旅游协会广泛分布在法国22个大区100个省，虽然各级协会职能各有不同，但在行业规范、行业自律、农民培训和服务方面，均不同程度地发挥着积极作用。

（4）注重产品品质和内涵

法国十分注重各种农产品的品质和内涵。以葡萄酒为例，法国大多数葡萄酒庄园都是家族式企业，至今已传承了数百年。凭借着几代人甚至是几十代法国葡萄酒庄园人孜孜不倦的执着追求，以及原产地域产品保护制度，法国葡萄酒的品质、信誉和文化已经名扬全世界，成为法国旅游业一张不可或缺的靓丽名片。

3. 瑞典和丹麦：家庭农场与合作社

瑞典、丹麦地处北欧，人均 GDP 均超过 6 万美元，是世界上高度发达的福利国家，也是农业高度现代化的国家，在农业可持续发展、生态环境保护、食品质量安全等领域居全球领先地位。与欧美等发达国家不完全类似的是，家庭农场是瑞典、丹麦农业生产发展的重要基石，其家庭农场发展历史悠久，至今已有数百年。其农业社会化服务高度发达，主要是在废除封建庄园主制度基础上，于 18 世纪中后期建立起来的。经过数百年的发展，主要呈现以下特点。

（1）经营规模不断扩大，农业功能更加多元

随着经营规模的不断扩大，瑞典家庭农场功能也更加多元化：一是专业化家庭农场日益成为农产品供给的主力，全国 20% 的大中型农场日益成为农产品供给的主力。二是兼业农场更加体现农业的多功能性。瑞典农场面积小于 20 平方千米的小规模农场约有 4 万家，这些农场主除了经营农场外，大多数都有其他的职业，平常在其他公司上班，闲暇时经营农场，种些小麦、燕麦、花草树木和养殖奶牛，这实际就是"玩的农场"，兼具个人爱好、休闲娱乐等多种功能。

（2）合作社企业化、集团化趋势日渐凸显

瑞典的家庭农场分工高度细化，主要负责种养等直接生产活动。而瑞典的合作社主要履行把分散经营的农场主在流通领域组织起来的职责，专注于流通、营销，进而发展到培育良种、打造品牌、加工增值和拓展市场，以逐渐形成农业—食品产业体系的力量，而不是单个个体的力量参与国际市场的竞争，时间和经验的沉淀使得瑞典的农业合作社均已发展成专业化、国际化的大型经济集团，在国家经济中发挥着举足轻重的作用。目前，两国 90% 以上的农场主加入了一个或者多个合作社，涌现出了一批历史感厚重、产业高度集中、合作社企业化集团化明显、利益联结更加紧密的专业合作社，比如欧洲第一大奶业合作社——阿拉福兹合作社（Arla Foods），经营范围包括农业、机械、食品、生物能源和房地产 5 大领域的兰特曼合作社（Lantmannen）。

（3）科研成果直接与市场对接转化

瑞典农业的竞争优势源于发达且完备的农业科研、教育和技术推广体系，源于其对科研的高水平规划，源于科研教学成果的直接与生产结合。在瑞典，农业院校均办在乡村，科研项目要求有农场参与，科技成果必须在农场生产中充分运用和显现，进而促使瑞典近百年来的农业科研、农民培训更加贴近于农业生产实践的现实需要，使教、学、研工作者能够潜心钻研农业科学技术，从而保证了农业科研教育的针对性、成果的有效性和转化的高效率。倘若申请国家资助的任何农业科研项目，必须有合作社、农场或者私营企业参与，实行共同申请，科研成果要在合作社或者农场进行验证。

（4）以专业的农业经营者为基础和保障

瑞典规定农民购买30公顷以上的土地，必须持有绿色证书，而要获得绿色证书，必须经过48个月系统的基础教育、技术教育和15个月的管理教育，其中农场实习在基础教育和技术教育阶段必须达28个月，并取得农机操作、动植物保护技术合格证。换句话说，要获得农场主的资格，必须得先经历63个月（近五年）的专业培训。这为瑞典农业长久发展、农产品竞争力持续提升提供了坚实的基础和有力的保障。

（5）始终坚持农业社会化服务的市场化运行准则。

丹麦政府通过向高等院校、科研机构购买服务的方式，不断增强对农业科研、农民教育培训、农业技术推广的支持。家庭农场主咨询农业生产、流通、销售等方面的问题，也主要通过有偿服务的方式来实现。这种市场化的服务机制，既有利于农场主珍惜每次的咨询服务，也促使必须提供物有所值的服务。

（二）国内先进做法和经验

1. 江西婺源：自然与人文联动

（1）概述

婺源县乃古徽州六县之一，位于江西东北面的婺源与皖、浙两省交界。婺源的徽文化十分深厚浓郁，素有"书乡""茶乡"之称。此外，其森林覆盖率全国领先，高达82%，是全国著名的文化与生态旅游县。近年来，婺源依托独具一格的生态与文化资源，以"政策引导、市场运作、集团开发、品牌打造"为指引，全力打造"中国最美乡村"品牌，为我国农旅融合探索了一种独特的"婺源模式"发展之路。

（2）围绕生态资源，发展乡村旅游的五件实事

一是做环境：4A 标准，全县景区化改造经营。县政府出台了《婺源县主要公路沿线、景区建筑管理办法》。通过建立和打造总面积达 5 万公顷的 191 个自然保护小区、关闭 100 余家污染严重企业和矿山、搬迁公路沿线 4000 座坟墓等手段保护生态环境。仅关闭矿山一项，该县财政每年损失就达 400 万元。同时完成公路绿化 500 多公里，绿化率 95% 以上，荣膺"全国绿化模范县"等称号。

二是做产业：商农融合、旅农结合，扩大旅游产业链。把油菜生产作为项目来实施，县里的油菜种植业不再仅仅是农业的一个组成部分，更是旅游行业不可或缺的重要组成部分，促进了婺源农旅产业的发展，也催生了餐饮、住宿、旅游商品销售等行业。

三是做品牌：占位"中国最美乡村"品牌，发展乡村旅游。婺源有国家民俗文化村 12 个，省级历史文化名村 10 个。实际上，婺源乡村旅游起步伊始，县政府就紧紧围绕"村"字，做足了"村"字文章，全力打造"景区型""博物馆型"中国最美的乡村。

四是做线路：3 条线 27 个景点整合发力，辐射全县乡村休闲旅游。严格按照 4A 级景区标准和东、西、北三个分区，开辟了含 27 个风景区（点）在内的 3 条旅游精品线路，以点串线、以线带面，增强了线路的整体效应。

五是做宣传：善借传媒打"特色牌"，不遗余力造势。县政府利用各种活动，借助各种媒体，不遗余力地宣传造势。在婺源，记者、导游、驾驶证 A 照持有者，都可凭有效证件免门票进入景区。

2. 浙江舟山：主题旅游

（1）概况

舟山作为中国唯一的群岛城市，拥有得天独厚的地理和资源优势，背靠长三角经济发展圈，广阔的腹地成为舟山旅游的有利发展条件。同时舟山旅游打造几大主题，强势吸引游客，使之成为新生的海上乡村旅游明珠。

（2）六大主题助力舟山旅游大发展

一是大众海钓主题游：以建成的泗礁岛、白沙岛、朱家尖岛等一批海钓基地为依托，举办包括国际海钓精英赛等在内的系列赛事，增强舟山海钓品牌在国内外的知名度。

二是海鲜美食主题游：通过举办美食文化节、餐饮争霸赛、美食论坛等一系列海鲜主题活动推进舟山"中国海鲜之都"建设，整体提升舟山海鲜美食的美誉度。

三是度假会展主题游：涌现出了一批以秀山、朱家尖、泗礁、岱山岛以及凤凰岛、砚瓦岛、徐公岛等为基础的度假旅游项目和私密型度假会所，朱家尖大青山国家公园、大平岗体育公园相继建成。

四是海洋文化主题游："印象普陀""东海谣""东海水·渔家人"等文旅项目相继推出。随着舟山跨海大桥、普陀山佛教博物馆等基础设施的建成，舟山国内外佛教文化的合作与交流不断增强。

五是岛村渔家主题游：依托"普陀之星""群岛之旅"等游轮，开发具有"石墙青瓦"等典型海岛特征及浓郁渔农村特色的民宅群或村落，推出对台邮轮直航旅游产品，开发了"短""精""特"的群岛环游线路。

六是佛教文化游：依托建成开学的中国佛学院普陀山学院、改造完成的普陀山佛教博物馆和素斋馆、福泉禅林双泉庵等讲经场所等，举办首届世界佛教论坛，加强与国内外佛教文化的合作与交流，有效扩大了"千人禅""千人斋"等品牌影响力。

3. 湖州市德清县高水平农旅融合

（1）德清县农业与旅游业概况

①农业产业基础扎实，为农旅融合奠定产业资源基础

德清农业以珍珠养殖、蚕桑、茶叶、笋竹等为主导特色，其中德清"淡水珍珠传统养殖与利用系统"被列入第4批中国重要农业文化遗产名录。

②旅游产业蓬勃发展，为农旅融合奠定市场基础

德清旅游业发展可以划分为以下三个阶段（如图3-11）。

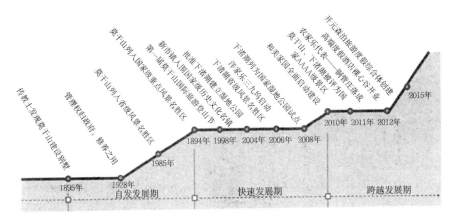

图3-11 德清县旅游业发展阶段划分

A. 自发发展期（1994年以前）

以莫干山休闲度假的兴起作为德清旅游业发展开端，以最初的自发建设到政府管理，主要提供休养、会议之用，同时也是休闲度假、商务会议的雏形。

B. 快速发展期（1994—2010年）

以莫干山为代表的旅游景区开始具有影响力，其间莫干山、新市古镇以及下渚湖等旅游资源相继获得国家、省、市的重视，其中"洋家乐"的兴起让德清在世界上更加具有影响力，各个片区的民俗旅游节事和商务酒店快速发展，接待旅游人次快速上升。

C. 跨越发展期（2010年至今）

以德清县"和美家园"美丽乡村行动和建设为契机，莫干山和下渚湖创4A的成功以及莫干山创5A的启动，高端度假酒店、商务旅游的建成及主题旅游度假综合体的启动，德清旅游业进入跨越发展期，各项旅游产品转型升级成功，配套设施逐渐完善，接待旅游人次实现了大的跨越。2010年开始，德清旅游业已经进入跨越提升阶段。

（2）德清县农旅融合发展的驱动力分析

①区位条件优越、交通便捷为发展农业旅游提供庞大市场

德清县位于长三角腹地，区位地理条件十分优越，距长三角核心城市上海、南京、苏州、无锡、宁波等均在2小时车程以内，武康镇距杭州市

中心仅 0.5 小时车程，距杭州萧山国际机场 0.4 小时车程。德清也是环杭州湾 "V" 形都市连绵区和杭州大都市圈的北部门户与重要的旅游目的地，这对发展融合创新型旅游业态，促进旅游走向产业融合化、区域合作化具有重要作用。

②社会经济发达、旅游产业厚实为农旅融合提供基础条件

社会经济发达，城乡消费市场庞大，为农旅融合发展提供基础的市场消费保障。

③历史文化悠久、山水资源丰富为农旅融合提供环境支撑

德清山水资源丰富，森林覆盖率 48.5%，文化资源品质优越，"名山、湿地、珍珠、古镇"资源组合优势明显。资源丰富类型较齐全，资源品质组合度较好。

④高端市场需求旺盛为农旅深度融合提供市场保障

长三角是中国旅游需求最旺盛的区域之一。德清立足沪杭及其周边市场，融入长三角旅游一体化发展，高端市场需求旺盛。旅游产品品质提升较快，乡村旅游发展迅速，乡村旅游市场效益和规模为农旅融合奠定市场基础。如"裸心谷""法国山居"等"洋家乐"的主要客源是长三角地区的外企高管和他们的国外友人，"骑迹山庄"等地主要客源是自行车俱乐部的会员。

⑤政府积极的扶持政策为农旅融合提供机制保障

德清县对现代农业与乡村旅游的支持力度也非常大。农业产业方面，通过"两区建设"积极促进农业现代建设。乡村旅游方面，则通过美丽乡村载体积极推动和规范提升"洋家乐"和乡村民宿的发展。农旅两大产业通过现代农业与乡村旅游实现了有机互动和良好融合。

（3）德清县农旅融合发展的状态分析

德清县农旅融合状态的呈现主要是以农业园区和旅游村落为空间载体，以休闲观光农业、乡村旅游（农家乐、洋家乐）、农业节事、旅游节庆（如莫干黄芽擂台赛、莫干山赏花节）、体育赛事（如莫干山马拉松）等为主要业态，尤其以"洋家乐"为主的乡村民宿产业发展强劲，通过游客消耗农业食材和购买特色产品，成为农业与旅游直接关联和间接融合的主要路径。

作为德清旅游休闲金字招牌的"洋家乐"，在有效满足不同消费群体个性化需求的同时，也带动了当地西部山区民宿经济的迅速崛起。德清农旅产业融合是以发展"现代都市观光农业"和高端乡村民宿为主，其中现代都市观光农业以突出农业文化特色和产业主导特色，按照"一镇一业、一村一品、一户一特"，体现德清休闲观光农业品牌，目前已经形成一批以特色农业精品园为基础、文化提升、旅游串线于一体的现代休闲观光农业园区。代表性农旅集聚区如图3-12。其中，莫干山现代农业综合区拥有阳光生态园、蚕乐谷、花花世界等优良农业旅游园区，而阳光生态园为全国四星级示范园区。这些园区主要为游客提供休闲观光、食农教育、青少年研学旅行等体验活动，客源以浙江省或家庭亲子游为主。

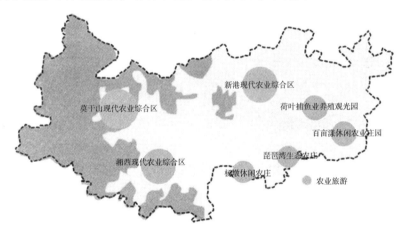

图3-12 德清县现代都市休闲观光农业园区分布

（4）德清县农旅融合发展的响应分析

①陆续出台相关政策法规，不断提升完善行业管理

为了加强对农旅融合发展的规范与引导，湖州地市和德清县也积极制定一系列管理办法和规范标准。通过这些政策制度的驱动、调控和引导，不断提升完善农旅相关行业管理，为农旅相关业态的良性发展保驾护航，也间接为农旅融合可持续发展提供保障。

②科学编制农旅融合多层级专项规划

规划是项目开发、产业发展的基本依据，是保障产业布局合理，实现区域全面协调发展、产业可持续发展的基本保障。德清县农业农村局、德清县旅游委员会、德清县政府农业和农村工作办公室等先后围绕市场需求、产业特色发展，组织编制了多部区域性专项规划，同时各类农业园区、旅游村落也积极编制规划，基本构建了区域、镇域、村域和园村多级规划体系，对农业与旅游业互动融合发展起到引领作用。

③完善体制机制，构建多层级行业管理

湖州市各县区旅游协会均成立了乡村旅游（农家乐或"洋家乐"）分会，进一步健全县乡两级乡村旅游管理体系和行业自律体系。

④组建行业协会，协调规范经营管理

组建"洋家乐"行业协会，增进业主之间的交流沟通，促进规范经营，提升经营水平。目前协会有30多家成员单位。

⑤积极引导社会各方参与项目投资和建设

⑥完善基础设施建设，制定古民居保护政策

一是完善基础配套设施。分步建立整个西部地区的慢行系统。二是制定古民居保护政策。对区域范围内的古民居进行全面调查，既可保护古民居以利于开发利用，又切实增加了村集体经济收入，将有效解决德清县西部农村一直以来集体经济相对薄弱的难题。

⑦创新营销模式，提高营销有效度和精准度

通过网络图文并茂展示客房、美食、经营特色等，游客可以直接在网上与经营者进行交流和预定，游玩后在网上发表评论。目前，德清"洋家乐"游客好评度达到90%以上，起到了良好的宣传效果，也吸引了更多的游客。

通过上述分析，发现目前德清县农旅融合处于高水平发展阶段，主要得益于：第一，区位和旅游市场优势。德清县紧邻沪杭的优越区位，发达便捷的内外交通，为农旅融合提供高端客源市场保障。第二，农旅产业基础扎实。莫干山的旅游知名度，山地和水乡古镇兼具的生态环境和旅游资源条件，发达的现代农业产业，为德清县农旅融合提供坚实的产业资源条件。第三，社会多元主体积极参与。德清县农旅融合业态，以农庄和农家乐民宿为主，目前投资和经营主体来自南非、法国、韩国等十几个国家，同时国内包括上海、杭州各地的工商企业主体或个体户也积极参与，形成主题多元、文化包容、异彩纷呈的发展格局，为农旅有效互动融合提供资本、人才、观念等原动力。第四，政府积极引导和推动。通过政府积极推动，形成"市县镇村"多层级联动支持农旅融合发展机制。这样在内外部环境条件、社会各方积极参与、各级政府主动作为的推动下，农业与旅游业主要通过现代农业园区、旅游专业村等空间进行融合和休闲观光农业及"洋家乐"民宿等业态的运营管理，共同驱动县域农旅融合的良性互动发展，实现农业与旅游业的共融共生发展。

总体来说，德清县农旅融合发展无论是社会经济条件、交通等基础设施状况，客源市场规模和品质，农旅产业资源基础和生态环境条件，都具有先天优势，基本上都处于中高水平。加上社会积极参与，政府积极作为、有效引导，构建多层级工作机制，编制多层次规划，为农旅融合发展提供有力的制度机制保障，区域农旅融合发展呈现出高水平协调发展状态，是浙江省县域层面现代都市农业和高端乡村旅游的典范和样本。

三、农文旅融合与农村经济互动发展的实践路径

（一）以顶层设计为前提

科学的顶层设计是文旅融合视角下乡村振兴战略实施的先决条件，对此，要从以下三个方面做好顶层设计。一是要坚持创新发展理念。党的十九届五中全会中进一步提出要坚持走中国特色自主创新道路、实施创新驱动发展战略。创新驱动发展战略是新时期国家经济发展与综合实力提升的关键性战略，其推进要依托顶层设计与任务落实。比如，坚持绿色融合的发展理念，注重自然生态环境的保护与修复。二是优化发展规划。这应当从区域实际情况出发，设计相应的开发模式与差异化的发展规划，突出当地的特色，在建设与发展的过程中避免同质化。同时坚持县为主体、村为单元，推进文旅与乡村振兴的有机结合，打造"一县一特色""一村一品""一乡一韵"的品牌、文化、旅游一体化的发展模式，还应积极发展旅居、民宿、露营等多种业态。这就要求传递地方特色，打造具有区域优势的产业链，找到乡村地区历史悠久的农业文明和积淀深厚的地域文化的切入点，去挖掘其中旅游经济价值，同时保留其本真与质朴，建设具有地域特色的文化品牌。此外，要发展创意旅游、满足旅游者多样的需求，游客才会回归乡

村，才会带动乡村经济的发展。三是建立议事协调机构。文旅融合发展，不能简单地让村镇唱"独角戏"，涉及的管理部门为数不少，比如发改委、文化和旅游局、农业农村局等。要健全管理体制，市、县两级政府围绕乡村旅游发展的实际需要增设议事协调机构，为乡村旅游发展保驾护航。

（二）优化营商环境，构建协同联动机制

乡村文旅融合涉及基层政府多部门的决策事项和部署机制。为有效发挥文旅融合的乡村振兴效能，需要在乡村文旅规划、联席会商、沟通协调、跟踪评价等方面形成合力，更离不开基层政府部门、农民、经营主体、投资者等方面的协同发力。乡村文旅融合发展需要良好的营商环境作为运行保障。一方面，农村"三资"、农民"三权"的创新性实践以及工商资本下乡需要有关部门提供便捷、优质、高效的商事服务；另一方面，乡村文旅实践需要加强统一管理和服务，既能引导并规范经营行为，又能通过信息公开、民主决策等方式，保护农民权益，形成利益均衡、公平有序的乡村文旅市场氛围，[①]激发农民参与文旅项目开发与经营的积极性和能动性。促进乡村文旅融合，一要积极制定促其发展的专项指导意见或针对性措施，统筹乡村产业规划，将文旅融合发展纳入其中，优化乡村营商环境，通过制度创新，加速城乡资源要素双向流动，推进工商资本下乡进村，推动科技、人才等要素与乡村文旅资源有机融合。二要通过深化"放管服"改革，落实主体责任，充分发挥制度优势，在项目引进、融资担保、人力资源、配套设施等方面提供专业化高质量服务。政府应投入专项资金，确保乡村文旅融合项目有效落地并健康运行，对文旅融合项目进行统一管理和经营。三要与文旅项目建设同步实施协同联动机制，打通乡村资源供给与市场需求的有效对接渠道，搭建合作平台，加强乡村文旅融合的产学研合作与专业人才培养，鼓励企业家、专家学者、党政干部下沉到乡村一线，送"智"下乡，协同推进乡村文旅融合高质量发展。

（三）规避融合矛盾，探寻互补共生机制

文旅融合有助于乡村两业的要素互补、衍生并实现共生优化。但是，由于产业属性和身份认知的差异，乡村文旅融合的过程常常伴随着冲突与

---

① 刘兰兰. 以农文旅融合助推乡村振兴 [N]. 河南日报，2019–12–04（06）.

矛盾，根源在于"受利益驱使而对文化进行过度商业开发，从而导致乡村文化内涵的破坏或丧失"①。从矛盾的性质和来源分析，在文旅融合赋能乡村振兴的战略实践中，一是面对旅游业的逐利性和文化的公益性矛盾，在商业化推动下部分地区出现杜撰、夸大，甚至篡改传统文化或历史事实的情况，这对于乡村文旅融合的可持续健康发展来说是一种人为破坏；二是在产业规则协调方面，文化形态往往向旅游业的经济带动职能靠拢，使得文化变得愈发迎合旅游市场需求，而丢掉了乡村文化的历史底蕴和当代价值内涵，不利于乡村文旅融合的内涵式发展；三是乡村旅游存在文化复制的同质化叠加问题，忽视了五千年中华文明积淀的千差万别的乡村文化特质，一些文化被复制后并不能与当地乡村旅游业有机融合，偏向市场化的考虑不符合乡村文化传承的规律，也脱离了乡村文旅融合的初衷。

在推进乡村振兴战略实践过程中，需要正视文旅融合的主要矛盾，不能盲目复制网红或成功模式，不宜在乡村旅游中强行植入文化元素，需要正确理解两业的互补性、差异性和融合点。一是明确乡村文旅融合的内涵、产业关系与一体化发展机制，探寻两产业融合的互动要素和资源优化配置方案。二是甄别乡村文化和旅游的利益联结机制，以农民需求和乡村产业创新为发展导向，辨识乡村既有的产业禀赋与文旅融合的统筹关系，以乡村原生文化为融合的基础元素，促进两产业在内涵层面的内容交互。三是增进两产业人员之间的角色认知和理解，消解旅游新业态对传统文化的不利冲击，维护优秀历史文化对乡村旅游的根植性作用，避免乡村旅游在市场化浪潮中失去文化基因、文化涵养和文化自觉。

（四）保障农民权益，提升组织参与效能

基层政府拥有乡村文旅资源的支配权，通过实施文旅融合战略和行动，直接对乡村振兴效果产生影响。要实现乡村文旅融合的振兴效果，必须认识到乡村本土"原住民"的主体作用不可或缺，坚持农民主体地位，这是由社会主义国家政权的性质决定的，农民当家做主是新时代乡村建设和发展的本质特征。一方面，要从思想观念上引导、教育和改造农民，着重提

---

① 李明伟、李琳. 乡村振兴战略背景下乡村文旅融合发展的矛盾探讨 [J]. 信阳师范学院学报（哲学社会科学版），2021, 41（01）: 103.

升农民参与文旅融合实践的综合素质，通过村民大会、广播、新媒体等多种形式加强精准宣传，增强农民的主体地位意识。另一方面，要处理好文旅融合经营管理者与普通村民之间的关系，注重农民利益的长效保护和共享。①不仅要在农民中培育文旅融合项目的经营主体，还应发挥先富带动后富的共同富裕效应（如入股分红、二次分配等）。重要的是，考虑到乡村社会是村民世代生活和生产的共同体，在乡村文旅融合发展过程中保障农民权益需要完善和创新村级组织（社区）治理结构作为核心支撑，这也是确保乡村文旅融合发展的前提。

乡村文旅融合发展的村级组织参与"应该是全方位和全过程的参与，首先就是参与规划"②。一个好的乡村文旅融合发展规划不仅要考虑资源整合、功能模块、基建配套等，还必须维系乡村的"原生性"，而村级组织参与规划过程正是程序正义和实体正义的鲜明体现，还能够提供民间智慧和"三创"灵感。村级组织参与是乡村文旅资源资本引进、项目落地和运营管理的过程保障，是基层政府推进乡村振兴战略的组织赋权新领域，有助于平衡乡村文旅融合实践中的利益分配与共享机制，项目决策、参与监管、考评和协调，建立和完善乡村文旅县—乡或镇—村—组会商机制，搭建政商产学研的跨界联动服务平台，促进村级组织参与文旅融合发展模式和内容创新，如"文旅 +（直播）基地 + 企业"、乡村全域文旅 IP 与主题民宿等形式。同时，村级组织是将乡村文旅融合发展与乡村治理结合起来的核心力量，在实践探索中将文旅资源优势和治理效能转化为助农富农效果。

（五）运用新兴科技，构建数字文旅业态

新时代人工智能、5G 等技术拓展了乡村文旅发展的领域及范围，为文旅及相关产业的要素深度融合提供了技术支持，开启了乡村文旅"数智"发展新阶段。因此，文旅融合作为赋能乡村振兴的重要引擎，充分发挥数字媒介、新兴技术的创新服务作用，有助于打造乡村文旅智慧化应用场景，从而更好地"满足乡村文旅市场多样化的需求"③。数字化、智慧化技术的

① 李国祥. 以农民为主体推动乡村全面振兴 [N]. 光明日报，2018-11-29（07）.
② 刁统菊，林德山，申作兰. 乡村振兴战略中乡村旅游可持续发展：关联、机理与路径 [J]. 山东行政学院学报，2020（05）：89.
③ 邱峙澄. 文旅融合理念的价值维度与乡村文化振兴实践 [J]. 社会科学家，2021（09）：54.

应用将会为乡村文旅融合的底层方案提供更多可能，在它们的支持下，文旅融合将呈现以下特征，即更好地释放乡村振兴红利、增强乡村文旅审美感知能力以及强化多样态创造和服务等。

运用新兴科技促进乡村文旅融合发展。一是推动乡村文旅产业数字化转型或构建数字乡村文旅融合体。利用数字科技将乡村传统文化元素升级为线上线下综合体验的多元化场景表达方式，通过微信、微博、网络直播、短视频等数媒渠道传播乡村文旅信息，挖掘生态文化，提炼故事元素，凝聚乡愁主题；或可借助于元宇宙技术，重构乡村文化旅游的"人、场、物"，增强旅游主体的身份感知、映射和异构化互动，打造具有乡村地缘特色的沉浸式体验场景，通过数字化让乡村文化遗产和旅游资源实现价值转化。二是开发数字文创产品，打造乡村文旅 IP。可将乡村地域风情的创意元素融入文旅主题活动和旅游线路（线下 +VA/AR 体验），坚持品牌化策略，打造接地气、聚人气的数字文创产品，推动文创品牌价值链创新，进一步放大乡村数字文创红利。三是打造智慧乡村文旅融合服务平台，通过自建、托管或依托第三方数字平台，为乡村文化旅游提供智慧导览、民宿、特产电商等交互式服务，实现乡村文旅"游、吃、住、购、行"等场景的多业态整合，为下乡进村游客提供一站式服务。另外，借助于数字化、智慧化平台，还可实现乡村文旅市场的数字化管理，从舆情监测和流量分析，到电子巡逻、风险预警和应急保障，都会增强乡村文旅市场的运行韧性。

第四章　文旅融合与城市经济互动发展

　　文旅融合是经济社会发展到一定阶段后衍生出的产业发展形式，也是人民对美好生活需求的时代选择。文化和旅游发展相辅相成：文化是旅游的核心资源，决定旅游产业、旅游产品的内涵品质高低；旅游为传播文化提供绝佳途径，促进社会文化建设，推动国家经济发展。文化和旅游的深度融合可以让旅游产品的内涵更加丰富，旅游更具文化品位，可以提高旅游对游客的吸引力以及游客的旅游体验感，促进旅游大发展。通过旅游载体来彰显文化可以传承文化，让静态的文化活起来、用起来，促进文化有效传播和交流，加快文化大繁荣，最终实现两产业的转型升级，实现文化、经济的协同高质量发展。

　　城市发展文化旅游的根本目的是为了促进城市经济的发展，而城市经济的发展也会促进文化旅游的发展，但是部分城市的经济发展存在过度依赖旅游的现象，使得城市经济的产业结构比较脆弱；也有一些城市虽拥有丰富的文化旅游资源，却没有挖掘文化旅游资源，旅游对经济的促进作用没有凸显。如何做到文化旅游与城市经济的协调发展，使二者的发展处于良性互动的状态？这正是本书研究的目的所在。

一、文旅融合与城市经济互动发展现状分析

（一）文旅融合与城市经济互动发展的内在机制

1. 文化旅游对城市经济的影响机制

　　经济增长效应一般用来形容相关因素变换对于经济增长率的变化的影响，在此处，用来研究文化旅游产业对城市经济增长的影响，主要表现为对城市经济增长数量和质量的影响。经济增长效应可以表现为直接增长效

应，即直接作用于城市生产总值、就业数量、产业结构等的影响，并且可从统计数据中观测得知。而间接增长效应则无法直接观测，需要借助中间变量作用于城市经济。负增长效应是指文化旅游产业与城市经济之间呈现为反向比例的关系，即文化旅游产业会导致城市经济的负向增长。城市文化旅游的发展对于城市的经济乃至城市总体的发展都起着极大的作用，尤其是对于以旅游为支柱产业的城市——文化旅游在促进城市经济增长、促进就业、促进城市产业结构的优化、提升城市形象和居民素质等方面的作用非常明显。

（1）直接增长效应

①促进城市 GDP 增长

文化旅游产业的收入对于城市经济发展的首要作用在于对城市 GDP 增长的贡献。城市 GDP 增长动力来自三大产业的综合贡献，第三产业比重的不断上升是城市经济快速上升且均衡发展的重要指标之一。旅游业作为第三产业的重要组成，对文化旅游城市来说，更是如此。文化旅游产业对于城市 GDP 的贡献非常重要。对于大中型文化旅游城市，城市的 GDP 来源结构较合理，三大产业均有相应比例的贡献。而对于许多中小文化旅游城市而言，旅游收入成为城市 GDP 收入的重要组成部分，更有把旅游产业作为城市 GDP 的主要支柱产业的城市。当旅游收入占 GDP 比重超过 5% 时，就可以认为旅游产业属于该城市的支柱产业之一。

②对城市就业数量提升的贡献

旅游业是劳动密集型产业，景区内的工作、景区外的商业区、旅游交通、住宿等各个环节均提供了大量的就业机会。近年来，文化旅游的高热发展，使得文化旅游城市不断推出文化旅游演艺项目，专兼职演艺人员也成为新的就业方式。对于某些旅游城市来说，旅游演艺项目更是集中了当地大部分的原著居民参与演出。如广西桂林的《印象·刘三姐》参演的人员多达近千人，其中农民演员 400 多人。这些演员白天务农或摆售旅游商品，晚上演出，年收入比较可观。

③促进城市产业结构的优化

文化旅游对于城市产业结构的影响主要在于：提升第三产业的比重，提供大量就业岗位，优化城市产业比重。

自古以来，城市就是经济繁荣的象征，经济兴则城市兴，经济衰则城市衰。在过去两百多年中，西方发达国家首先诞生了一批典型的工业城市，如曼彻斯特、格拉斯哥、柏林、底特律、纽约等，创造了人类有史以来物质最富饶的"黄金时代"。城市的兴衰同其经济发展休戚相关，这种关系源于城市产业结构周期性的更迭。随着人类社会迈入后工业时代，知识、信息逐渐取代体力劳动、能源，成为城市最重要的创新动力，许多发达工业国家如美国、德国、日本的产业结构迅速进行了调整。由于就业机会减少，大量人口外迁，制造业集中的城市出现严重衰退的现象——工厂大量倒闭，市场进一步萎缩。以美国为例，二战后西部和南部的新兴地区崛起，形成所谓的"阳光带"，而制造业相对集中的东北部和中西部经济增长乏力，一度被称为"冰雪带"和"霜冻带"。其他地区，如法国的里尔和里昂，德国的梅泽堡和鲁尔区，英格兰中部以伯明翰为中心的工业地区和美国东部沿海平原等，都不同程度地进入了衰退期。中国的工业化进程虽然起步较晚，但在社会经济快速迭代的当下，也不得不面临着产业转型的问题。20世纪80年代以后，中国的老工业基地，如沈阳、长春、哈尔滨、西安、重庆、武汉等城市出现了明显的衰退迹象，表现为经济增长乏力，技术进步相对缓慢，设备老化严重，工业优势地位逐渐丧失。

　　在新一轮科技革命推动下，以消耗物质资源、粗放式的城市经济增长模式逐渐退出舞台。面对工业经济的衰退，很多发达城市的经济开始向价值链的上游转型，将发展第三产业作为城市复兴计划的重中之重。这导致城市更新的动力与方式也发生了很大的变化，关注点从早期单纯的物质形式更新转向了城市经济、社会、文化形态的整体性更新，其中最引人瞩目的当属文化和旅游产业的崛起。从全球范围来看，文化产业已经成为世界经济的主要贡献者和数字经济的主要驱动力，旅游业正在成长为占全球GDP10%以上的产业。随着科技水平和生产力的进一步提升，教育文化娱乐消费的人均支出大幅增加，大量闲暇时间被"创造"出来，这为文化和旅游产业逐渐成为城市新的经济增长空间提供了机遇和条件。无论是以德国北威州（即北莱茵－威斯特法伦州）为代表的"欧洲工业中心"实现城市集体转型，还是英国的格拉斯哥变身时尚之都，抑或是美国"钢铁之都"匹兹堡实现华丽转身，它们都纷纷将文化和旅游作为城市产业转型升级的主要抓手。随着我国经济发展进入新常态，许多工业城市处在新旧动能转换的关键期，以大庆、大同、克拉玛依、马鞍山、平顶山、焦作等为代表的资源型城市也纷纷依托自身优势，大力发展文化旅游产业，积极推动经济转型升级。据统计，2019年全国规模以上文化及相关产业企业实现营业收入86 624亿元，按可比口径比上年增长7.0%，持续保持较快增长。旅游业对GDP的综合贡献为10.94万亿元，占GDP总量的11.05%。① 尽管2020年受新冠病毒感染疫情影响，文化和旅游业遭受了巨大冲击，但是未来文化和旅游增长空间仍然巨大。

文旅融合不仅意味着在原有食、住、行、游、购、娱的基础上加入"文化"元素，还要突破各自边界的束缚，调集生产要素和创新主体参与，从而开拓新空间，创造新需求，衍生新业态，发现新价值。以成都为例，作为国家历史文化名城、古蜀文明发祥地，本身有着深厚的文化积淀。20世纪50年代，按照"一五"计划，成都被确定为全国工业建设8个重点城市之一，重点建设电子工业和机械工业，走上了工业城市的道路。在老工业基地和整个城市转型发展的进程中，成都成功实现了从工业城市向世界文创名城、旅游名城、赛事名城和国际音乐之都、会展之都、美食之都的转型。文旅融合"介入"城市更新，使得成都的符号已不再停留于具象事物，它转变成一个可以让人感知到其背后富足、休闲、生活和工作平衡等文化特质的城市。

从"五位一体"总体布局来看，将资源型城市转型升级为经济活力迸发、人居环境优美、社会和谐进步的创新型城市，是加快转变经济发展方式的一项重要任务。根据国务院印发的《全国资源型城市可持续发展规划（2013—2020年）》（国发〔2013〕45号）显示，中国有262个资源型城市被列入规划范围。② 面对资源型城市转型发展内生动力不强、可持续发展压力较大等问题，以文旅融合培育、壮大、接续替代产业，加快发展现代服务业，可以在城市经济增长趋于平缓或低迷不前时，为城市新旧动能转换带来生

① 中华人民共和国文化和旅游部2019年文化和旅游发展统计公报[EB/OL].（2020-06-20）[2021-12-16]. https://www.mct.gov.cn/whzx/ggtz/202006/t20200620_872735.htm.

② 国务院关于印发全国资源型城市可持续发展规划（2013-2020年）的通知[EB/OL].（2013-12-03）[2021-12-16]. http:www.gov.cn/zwgk/2013-12/03/content_2540070htm.

机。作为"朝阳产业"和"绿色产业",发展文化和旅游产业不仅可以转变经济发展方式,使得资源型城市生态环境和人居环境质量显著提升,还可以拓宽体验经济、网红经济、夜间经济等多元经济类型。其中夜游的魅力深深地吸引着来自全国各地的游客,有助于拉动经济快速增长,提高旅游城市的竞争力和吸引力,拓展城市的文化消费空间。可以说,文旅融合进一步增加了文化产业和旅游产业的资源、制度和创新"红利",大大提升了以文促旅、以旅彰文的工作效率,为推动城市经济转型升级发挥了重要作用。

（2）间接增长效应

①文化旅游发展改善城市形象,促进城市经济增长

我国城市的发展道路经历了从粗放式发展到精细化管理的过程,现在各大城市都在致力城市的精细化管理。城市形象的塑造是城市发展和管理的重要砝码,城市形象对于提升城市对外的影响力、吸引力以及对内的号召力和凝聚力都起到重要的作用。城市形象是城市特色的积淀,也是城市品位和历史文化的外显。城市形象的塑造是城市发展美化的一个途径,城市形象代表的是城市的特色所在,体现了与其他城市的不同之处。城市形象的塑造与宣传通常通过城市的宣传口号来传达。城市形象可以说是一种无形的生产力和竞争资本。城市形象对于城市经济的推动作用虽然不能直接带来 GDP 的增长,但对于城市经济的间接推动作用是非常大的。城市经济的发展源于自身城市产业的发展以及外部投资的增加,而城市形象可以有效地提升城市吸引力,吸引更多的外部投资。

文化旅游是旅游不断发展的产物,而城市形象也是城市不断发展的产物,文化旅游和城市形象对于城市发展的作用不谋而合。对于文化旅游城市来说,不同的文化旅游资源代表的是城市的特色所在。城市在提炼对外宣传口号时,都以文化资源特色为吸引点,如西安的对外宣传口号为"华夏故都、山水之城"和"丝绸之路起点",成都的宣传口号为"休闲之都",昆明的宣传口号为"昆明天天是春天"。城市的对外宣称口号代表和凝练了城市的形象。

②城市居民对于文化多元性的接纳和吸收,有助于城市经济增长

城市文化旅游的发展,带来了更多的外来文化,而外来文化和本地文

化的"碰撞"会促进城市居民对于文化多元性的接纳和吸收。以丽江为例，在丽江文化旅游发展的过程中，带来的是当地土著民族纳西族对外来多元文化的接纳和吸收，外地的旅游者以及外地来丽江的旅游经营者均给当地的纳西族和纳西文化带来了影响。同时，一个城市的文化旅游发展程度与这个城市对外来文化的接纳程度理应是成正比的。一个城市越发达，对外来文化的包容性更强，旅游城市也是如此。

同时，城市居民对于文化多元性的吸收和接纳，对于城市经济的作用也是不可估量的。城市经济的发展取决于多种因素的集合——经济、政治、文化、历史等，如经济发展基础、国家经济政治相关政策和制度、历史积淀、文化竞争力等都会影响城市经济发展水平。城市居民对于文化多元性的吸收和接纳，更多是带来文化竞争力的提升，世界上诸多发达城市的发展历程均验证了这一点。如纽约，从其历史进程来看，城市的历史基础薄弱，但是其发展迅速的原因在于对多元性文化的接纳、吸收和运用，从而带来对多元性经济因素的刺激，这也是纽约在很短的时间内迅速发展成为世界第一大都市的原因之一。

同时，文化旅游城市在历史文化方面具有深厚的历史积淀，其居民耳濡目染，文化积淀自然提升。城市在发展文化旅游的过程中，注重文化产业的投入（如电影产业）和文化基础设施的建设（如城市博物馆、群众艺术馆等的建设）及文化的宣传（如城市文化演艺活动、文化节日）的增加，均对城市居民的文化品位提升有一定的作用。

③加强旅游观念，改变生活方式

一个国家和地区的旅游业发展，既带来了入境旅游的发展，同时也促进了出境旅游的发展，如德国和中国，既是入境旅游的大国，也是出境旅游的大国。城市文化旅游的发展对于当地居民生活方式的改变也有一定的影响。城市文化旅游产业的发展，使得当地居民对于旅游的认识发生了变化，从而逐渐认同旅游是一种生活方式，在满足一定的条件后，旅游的欲望也日益强烈。往往文化旅游比较发达的城市，其入境旅游方面的成绩是无可厚非的，而其出境旅游的成绩也比较显著，如北京、上海、广州等一线城市，出入境旅游人数在全国均名列前茅。在西部城市中，西安、成都、重庆等旅游发展较好的城市，同时也是出境旅游的"大户"。当地政府在出入境便利程度、带薪休假等公共事务方面也加大了改革的力度。

④文旅融合改善城市社会关系

城市是经济繁荣之地、文化交会之地，也通常是矛盾冲突之地。从社会层面来看，工业时代高速发展带来的"城市病"并不会因为城市进入"后工业时代"而消失，城市光鲜亮丽、充满活力的一面并不能遮盖其阴暗地带和城市问题。可以说，无论是发达国家还是发展中国家，每一个城市，或多或少都有着"焦炭城"的烙印。从表面上看，城市更新的对象是城市问题集中的社区、建筑、交通设施、卫生环境等硬件，但实际上更新的是精神、氛围、节奏、性格等软件。城市更新的本质是人与人、人与城市关系的更新。然而，过去城市以工业主义作为主要创造力，不仅使城市居住环境恶化，更使得城市距离合乎人性原则的理想目标越来越远。早在1933年，国际现代建筑协会就制定了一个"城市规划大纲"，即著名的《雅典宪章》。《雅典宪章》提出了城市功能分区和以人为本的思想，明确居住、工作、游憩与交通是城市的四项基本功能。为了使我们居住的城市更加美好，许多城市规划大师和理论家提出了各种各样的构想，如英国埃比尼泽·霍华德（Ebenezer Howard）提出的"田园城市"理论，法国勒·柯布西耶（Le Corbusier）提出的"城市集中主义"，美国埃列尔·萨里宁（Eliel Saarinen）提出的"有机疏散理论"，英国经济学舒马赫（Schumacher E.F）主张以人为主的生活方式，等等，他们都不同程度地强调了城市更新中人的重要性，认为城市应当关怀人和陶冶人。

文旅融合作为一个术语，不仅仅是一个经济或产业的概念，它包含了一个重要维度，就是通过将文化产业、旅游产业和公共文化服务融为一体，为市民不断拓展文化生活新空间。而无论是新城建设还是旧区改造，城市更新也必须坚持以人民为中心，聚焦人民群众需求，努力创造宜业、宜居、宜乐、宜游的良好环境，让城市居民有更多获得感、幸福感和安全感。文旅融合在介入城市更新的过程当中，人的地位会越来越得到凸显，因为人是文旅融合的主体，也是城市更新的最终落脚点，由此可以给城市带来的是一种全新的社会关系再造。

一是个体与个体之间的关系。城市是由原子般分散的陌生人组成的社会，但也因为这种个体间的文化差异性，为城市发展提供了源源不断的创造活力。刘易斯·芒福德（Lewis Mumford）十分重视城市的"对话"功能，在他看来，"若从较高的形式上给城市下一个定义的话，那么最好莫过说城市是一个专门用来进行有意义的谈话的最广泛场所"[①]。无论是创意市集、文化园区、艺术场馆，还是音乐节、艺术展等各种类型的文化活动，这些公共空间为个体之间提供更多聚集交流、思想碰撞和情感沟通的场所。因此，越来越多的城市更新项目将文旅融合的思维纳入其中，以增加这种公共空间的创造性，使之成为城市社会的"黏合剂"。例如北京首钢工业遗址公园、重庆洪崖洞的吊脚楼、武汉老码头上的知音号、上海杨浦滨江的"绿之丘"，这些文旅融合介入的城市更新项目都使原来的城市空间焕然一新，成为一个集市政基础设施、商业、绿地、时尚街区或公共配套服务于一体的"新物种"，为人与人之间的联系提供了空间，实现了一般既有建筑的可持续利用，使得原本计划拆除的老建筑焕发生机。

二是个体与群体之间的关系。丹尼尔·贝尔（Daniel Bell）指出，与前工业社会和工业社会相比，后工业化社会的中心是服务，因而它的首要目标是处理人际关系。后工业社会也是一个群体社会，其中的社会单位是团体组织，而不是个人。[②]因此，城市个体与群体的融合度，考验城市更新的效果。因为城市更新是在打破旧关系基础上进行新关系的重塑，尤其当新个体进入原有的群体中，如何缩小距离感、增强归属感是城市更新要解决的核心问题。有学者认为，旅游者个体寻找文化身份认同是旅游与文化关系的起源，而文化变成旅游者的身份符号则使旅游与文化关系进一步强化。[③]从这个角度来看，文旅融合是一个个体参与群体的过程，是强化个体与群体之间的纽带，有利于城市形成创意生态，吸引创意阶层流动与聚集。而城市更新的主要目的之一就是塑造一个个包容性更强、更多样和开放的社区和场景。例如位于深圳的华侨城创造性地将原工业区改为文化创意园区，

① 刘易斯·芒福德. 城市发展史——起源、演变和前景 [M]. 宋俊岭，倪文彦，译. 北京：中国建筑工业出版社，2005：123.

② 丹尼尔·贝尔. 资本主义文化矛盾 [M]. 赵一凡，蒲隆，任晓晋，译. 上海：生活·读书·新知三联书店，1989：197.

③ 张朝枝. 文化与旅游何以融合：基于身份认同的视角 [J]. 南京社会科学，2018（12）：162-166.

积极引进各类型创意产业，使工业区内的原厂房得以保存的同时又衍生出更有朝气的产业经济。与此同时，园区通过举办创意市集、音乐节、电影展映、公共艺术展等文化活动，吸引市民前来参与，将其拓展成为一个城市文化空间。

三是群体与群体间的关系。城市更新的目的不仅仅在于服务城市本身，而且也是相对于"他者"而言的。将"他者"与城市建立关联，是彰显城市身份的一个有效途径。这与文化和旅游部提出以文旅融合丰富对外文化交流内容的目标不谋而合。城市是文化的容器，也因文化而异，文化是"他者"寻找身份认同的原始动力。过去由于不同群体之间相对隔绝，流动不畅，往往会形成对一个城市或地区的刻板印象，并不利于城市乃至国家形象的构建。随着大众旅游时代的到来，文旅融合成为促进不同城市文化交流的最佳模式，即通过挖掘城市的文化符号，将其转化为旅游的吸引物，进而引发从"旅游"到"旅居"的转变，加深不同群体的融合。这对于缩小因为地域划分而造成的文化差异，建立不同城市群体间的共同记忆和文化认同无疑发挥着重要作用。无论是日本熊本县依托"熊本熊"IP走向世界，被人们熟知和喜爱，还是乌镇以"历史遗产保护与开展"为主题实现华丽变身，成为中国一张新名片，这些城市的更新项目因为文化和旅游的介入，被打造成为对外展示城市文化的窗口。

⑤文旅融合延续城市文化脉络

城市更新要面对的难题之一是城市在拆建、修复、开发、扩张的过程中如何梳理、继承与创新城市文化脉络。这是城市的灵魂，也是城市不可替代的、最难模仿的核心竞争力。

一般而言，城市的可持续发展有赖于三个系统："政治系统提供一个城市的基本脉络结构和制度框架，以及相应的规则、秩序，以保证社会的稳定与正常有效的运行；经济系统提供市民赖以生存、发展的物质文明与物质成果；文化系统则提供维系社会共同的价值观、道德风尚、法律法规以及艺术景观等。"①三个系统相互配合，各有侧重。20世纪60年代以来，世界城市的竞争格局呈现出一个新的趋势，那就是占有主导地位的城市不

① 单霁翔. 关于"城市"、"文化"与"城市文化"的思考[J]. 文艺研究，2007（05）：36.

仅要有经济硬指标，还要有文化软实力。城市发展的走向从以物为中心转为以人为中心，这构成了当前城市更新的主要趋势，因为基于文化的优势是最根本的、最持久的和最核心的竞争优势。然而，城市在从功能城市走向文化城市的过程中，难以避免地产生现代与后现代、本土文化与外来文化的冲突。而对于现代化水平非常高的工业城市而言，它们在向创新型城市转型的过程当中，如何让工业文明得以延续，是一个重要课题。

城市工业经济的衰退通常有两条解决路径：一是企业寻求新变，通过技术升级或业务拓展渡过难关；二是旧工业遭淘汰或已完成使命，工厂被迫关闭或迁移。后者形成了一种独特的城市空间——工业遗产，即具有历史、技术、社会、建筑或科学价值的工业文化遗迹，包括建筑和机械、厂房、生产作坊和工厂矿场以及加工提炼遗址、仓库货栈，生产、转换和使用的场所，交通运输及其基础设施以及用于住所、宗教崇拜或教育等和工业相关的社会活动场所。在张猛导演的电影《钢的琴》中有这样一个经典镜头：一群老钢铁厂员工站在远处的山坡上等待两根烟囱的爆破，随着一声巨响，仿佛那个时代符号和集体回忆也随之烟消云散了。显然，这些工业文明留下来的遗产虽然与城市的发展格格不入，但其所具有的纪念、教育、文化和象征价值是不容忽视的。于是许多工业城市在城市更新的过程中将烟囱、厂房、码头等保留了下来，通过创意改造，保留了城市独特的记忆。20 世纪 60 年代以来，以英国、德国、法国等为代表的老牌工业国家提出要对工业遗迹和遗物加以记录和保存，随后得到国际组织的呼应，全球更是展开了意义深远的工业遗产保护行动，如拉莫斯贝格矿山、索尔泰尔工业区、加拿大里多运河、旁特斯沃泰水道桥与运河、波托西城等都是极具代表性的工业遗产景观被留存下来。对于像中国这样工业化建设非常晚的国家而言，政府出台了各种政策对工业遗产进行保护利用（见表 4-1）。2020 年 6 月，国家发改委等五部门联合印发《推动老工业城市工业遗产保护利用实施方案》，旨在加快推进老工业城市工业遗产保护利用，促进城市更新改造，探索老工业城市转型发展新路径。

表4-1 近年来我国推进"工业遗产"保护利用相关政策

年份	相关政策
2014	国务院办公厅印发《关于推进城区老工业区搬迁改造的指导意见》
2016	工业和信息化部、财政部印发《关于推进工业文化发展的指导意见》
2017	工业和信息化部公布"第一批国家工业遗产名单"
2018	中共中央办公厅、国务院办公厅印发《关于加强文物保护利用改革的若干意见》 工业和信息化部公布"第二批国家工业遗产名单"
2019	工业和信息化部公布"第三批国家工业遗产名单"
2020	国家发展改革委、工业和信息化部、国务院国资委、国家文物局、国家开发银行联合印发《推动老工业城市工业遗产保护利用实施方案》

　　工业遗产本是冷冰冰的、与文化价值无关甚至相背离的时代产物，却在城市更新中转化为城市文化的一部分，被赋予了深刻的文化意义，实现了空间的再生产。而在这一有效保护与合理利用结合的模式当中，基于工业遗产的文旅融合做法最为主流，也是最能体现工业遗产价值的开发手段。因为单从经济层面来讲，这些工业遗产已经无法创造出经济价值，但是通常占据着城市非常好的城市资源，如处在城市核心地段，拥有大面积的建设用地，周边交通发达，聚集着密集人群等。文化产业和旅游产业的介入，使大量工业遗产变成了创意空间、主题博物馆、艺术区、创意产业园、休闲和时尚娱乐中心，让原本计划拆除的工业遗产融入城市经济文化生活当中。如美国纽约的高线公园、苏荷区，英国伦敦的金丝雀码头、巴特西发电站，德国的杜伊斯堡内港，日本六本木之丘，法国的南特岛等，都通过城市更新项目打造成了当地的文化高地。国内有北京798艺术区、上海8号桥、武汉"汉阳造"艺术区、中山岐江公园、青岛啤酒博物馆、景德镇陶溪川、深圳蛇口价值工厂等成功的城市更新项目，体现了文化和旅游对工业遗产的改造力量，走出了一条以工业遗产为载体的体验式旅游、研学旅行、休闲旅游精品线路，形成生产、旅游、教育、休闲一体化的工业文化旅游新模式。

　　工业遗产是工业文明的见证，是工业文化的载体，是人类文化遗产的重要组成部分。它既有历史符号的意义，又有承载文化的建筑空间。文旅融合，使得工业遗产成为凸显城市身份的重要符号，既延续了城市文化脉络，又赋予了这些空间以新的内涵。这些工业遗产与现代富有商业气息的景观形成了鲜明的对比，为识别、记录和研究一个地区工业遗存和历史信息提供了丰富的参照物，宝贵的精神文化财富得到保护传承。例如，作为见证上海百年工业的杨浦江两岸，有着中国当时最早最大的发电厂、水厂、煤气厂、棉纺厂、造纸厂等，担当着引领新中国工业化建设的重要角色，承载着几代人的故事和记忆，被称为"中国近代工业文明长廊"。如今，上海在城市经济转型的过程当中，对杨浦江两岸按照以工业传承为核心，打造历史感、生态型、生活化、智慧型的杨浦滨江公共空间滨水岸线的思路进行城市更新，把船坞、装卸码头、吊机、轨道等重工业元素嵌入滨江公共空间，解决了"临江不见江"的空间难题，实现了从昔日的"工业锈带"到"生活秀带"，从封闭生产岸线到开放生活岸线的转变，将两岸公共空间营造成上海的"城市会客厅"，成为新的城市文化标志。由此可见，文旅融合与工业遗产的有机结合，可以有效避免城市工业文脉的中断，不仅保留了具有历史文化价值的工业建筑，而且通过传统与现代、东方与西洋、经典与流行的融汇，为城市增添了历史与未来交融的文化景观，为塑造城市文明新形象发挥了重要作用。

（3）负增长效应

文化旅游对于城市经济的正向促进作用，业界学界达成了共识。但是，我国目前的研究大多关注在正向的影响，而关注逆向抑制作用的较少。事实上，西方学者对于旅游影响的研究较为全面，对于文化旅游的影响研究已深入到环境污染、资源破坏、旅游承载力、文化冲击等方面，而对于城市经济的逆向作用研究也较为丰富，如"去工业化"和"荷兰病"[①]等的威胁。

许多城市过分依赖旅游业而出现"去工业化"和"荷兰病"，如西班牙，由于文化旅游资源禀赋较好，诸多城市的发展都依赖旅游业带来的旅游创汇，且城市发展的政策、资金等大量倾斜于旅游业，从而导致了其他产业发展受制约，造成了西班牙经济的长期滞后，从而被认为患上了"荷兰病"。中国的诸多城市也出现了此类问题，如三亚、丽江等城市，以旅游业为支柱，推动了城市化的进程，此类城市的旅游产业占该城市GDP的50%以上，

---

① "去工业化"指制造业比重逐年下降。该现象最早始于美国，其制造业劳动力占总劳动者的比例，自19世纪60年代以来逐年下降，随后日本、欧洲都出现该现象。"荷兰病"（the Dutch disease）是指一国特别是指中小国家经济的某一初级产品部门异常繁荣而导致其他部门衰落的现象——笔者注。

但是，由于旅游业的急速发展而抑制了城市工业化等进程。城市的其他产业基础较弱，导致城市经济发展的敏感性较高、波动性较大，比如2003年爆发的SARS病毒和2020年的新冠病毒感染疫情，使这类城市的旅游业急速下滑，导致城市经济岌岌可危；同时城市工业发展提供的城市基础建设、城市环境保护以及城市人才建设等速度较慢。

（4）集聚效应

主要体现在文化旅游产业的集聚对于城市布局的影响。产业集聚意指同一产业在城市的一定区域高度集中，其本质是产业资本要素及与其关联的经济活动在空间范围内不断集中的过程。产业集聚问题的研究产生于19世纪末。随后，产业集聚理论出现了多家学说，形成了诸多学派，以阿尔弗雷德·韦伯（Alfred Weber）的工业区位论、迈克尔·波特（Michael Porter）的钻石模型、约瑟夫·熊彼特（Joseph Alois Schumpeter）的创新论为代表。

我国的旅游产业集聚呈现两个特点：一是旅游产业集聚的政策影响较大，二是旅游产业集聚以旅游景区（目的地）为核心产业。文化旅游产业的集聚区产生于旅游产业和文化产业的融合区域，2004年文化部（现为文化和旅游部）设立的国家文化产业示范基地、国家级文化产业示范园区以及文化产业试验园区都有力地促进了城市文化旅游的集聚。以西安曲江新区为例，依托于唐文化，将曲江新区打造为文化产业示范园区，而区域内的旅游业、文化业和地产业得到了高速发展，曲江新区成为西安经济发展较好的区域。从城市布局来看，由于经济发展较好，环境治理得当，使得曲江新区成为西安高档生活区域的代表。随着曲江新区的发展，慢慢拓展区域从城南到城东，从曲江核心区域到新曲江区域，包括大明宫国家遗址公园、法门寺佛文化景区、曲江二期、临潼国家旅游休闲度假区、西安楼观中国道文化展示区。

2. 城市经济对文化旅游发展的影响机制

（1）正外部效应

①基础设施建设提高旅游接待能力，奠定文化旅游发展经济基础

城市经济的发展程度为旅游发展的基础设施提供经济基础，在不考虑城市政策的影响下，城市的财政收入与城市旅游的基础设施发展应是成正

比的。城市经济发展较好的城市，其基础设施建设也较好，如城市道路、交通网络以及酒店业的发展都比较好，基础设施的发展是旅游业发展的必要条件。

我国实行高速铁路大发展、空中航线不断增加以及高速公路大发展以来，对于我国旅游业的促进作用是非常大的，如改变旅游交通格局、促进区域合作、完善旅游者的出行方式、促进旅游产业升级等。

②公共服务建设改善城市形象，提升文化旅游吸引力

城市经济发展到一定程度，会促进城市公共服务的发展，同时，城市的公共服务也是检验城市发展程度的一个标准，城市发展越好，公共服务越完善，城市的形象越好，城市的吸引力更强，但是，城市经济的发展和城市公共服务的发展并不呈协同发展态势。

③城市经济发展促进旅游专业教育拓宽，亟须提升文化旅游从业人员的数量和质量

城市教育事业的发展，虽然离不开国家政策的倾斜，但仍以城市经济的发展为基础，经济基础决定上层建筑，而教育属于上层建筑的范畴。城市经济的发展影响着城市教育的布局、结构、规模和层次。世界范围内，经济发达的城市，如伦敦、纽约、巴黎、北京等，其教育水平也是非常高的。旅游专业教育也不例外。城市经济的发展会为旅游专业教育提供经济基础，并成为吸引旅游教育者的强大动力，从而也不难解释在改革开放以后我国的很多人才外流以及"孔雀东南飞"现象的发生。在我国诸多文化旅游城市中，如北京、上海、西安等城市经济发展较好，而旅游专业教育的投入也较多，旅游教育水平较高。

④城市经济发展促进居民文化旅游意识的提高

亚伯拉罕·马斯洛（Abraham H.Maslow）的需求层次理论解释了人的需求层次是随着经济发展水平、受教育程度、收入水平等社会因素的影响，从低到高不断追求需求满足的过程。需求层次呈金字塔式，从低层到高层分别为生理需求、安全需求、社交需求、尊重需求以及自我实现需求。从呈现规律来看，往往城市经济较发达的地区，高级需求占主导；反之，城市经济不发达的地区，低级需求占主导。

按照国际上的统计数据，游客的旅游需求产生的规律为：最初的旅游

需求产生于人均收入达到 1 000 美元后，而"大众旅游消费"在人均收入超过 2 000 美元时产生，达到 3 000 美元时旅游需求就会出现爆发式增长。根据国家统计局相关数据显示，我国的人均 GDP 在 2010 年年底已超过 4 000 美元，加上国家推行"五一""十一"黄金周及带薪度假等相关政策后，国内游和出境游在一段时期内呈现井喷式增长。而文化旅游意识又是旅游意识和旅游实践不断发展的结果，我国的旅游发展历程从开始的观光旅游发展到现在的文化旅游阶段，均是经济促进旅游发展的验证。

⑤城市经济发展促进文化旅游服务模式的改变

在信息化大发展的今天，社会经济的发展已迈入大数据时代，这给传统的文化旅游运营商带来了巨大的冲击，传统的店面运营模式及面对面服务模式不再适应时代的要求，需向在线服务和网络运营模式转变。移动 LBS（Location Based Services，基于位置服务）技术替代了线下万亿规模的传统零售和服务业。OTA（Online Travel Agent，在线旅行社模式）是旅游产业的开端，通过在线旅游打开的"窗口"聚合消费者的需求，然后交给下游的旅行社、航空公司、酒店、渠道分销商等实施，使在线旅游的商业模式推陈出新。

在线服务模式是社会经济发展浪潮下的产物，也适应了旅游发展的需求，对于文化旅游的服务模式、营销模式等都起到了颠覆性的改革，如何在新时代背景下实现城市文化旅游的发展，也是目前亟待解决的课题。

（2）负外部效应

城市经济的快速发展，虽然会促进文化旅游的发展，但是往往会忽视许多问题。对于文化旅游城市来说，城市在经济发展中品尝到了文化旅游促进城市经济发展的美好果实，开发建设中势必会注重对文化旅游资源的开发，于是普遍的城市管理者在短期利益和工作业绩观念的指导下，势必进行资源的掠夺性开发。如何在城市经济和文化旅游发展过程中寻求一个适当的开发尺度，保持城市经济和文化旅游的永续利用和可持续发展才是根本。所以，我们往往看到欧洲的许多城市发展并没有"唯 GDP 论"，因为城市的综合实力是一个复杂的多元指标体系，城市经济的发展应追求多角度的发展进步。另外，高度发展的城市经济使一些城市管理者为了加快城市经济建设和推动城市改造，大肆拆除城市中的古建筑，破坏了城市的历史文化原貌。

（二）城市文化旅游融合发展的产业实践

城市文化旅游融合发展离不开固有的文化资源。从历史发展来看，文化资源能够以文化资本的形式出现，不断积累，促进城市文化产业、旅游业和其他产业的发展。城市旅游活动和项目的开展，也为城市文化的保护、传承和发展提供了创新条件和外部动力，促进城市文化资本的积累和增值。文化产业和旅游业因其协同效应和增长潜力而相互联系，文化是旅游产品中的重要元素，旅游业可以支持和加强文化遗产保护，激发文化产品设计的创造力。

1. 城市文化旅游融合的政策困境

要突破城市发展中可能出现的政策困境（如空间、经济、资金等），可以让城市发展战略着力于文化旅游融合发展。制定城市文化旅游融合发展规划，应优先考虑文化在旅游经济中的作用，用文化政策引导城市旅游建设。具体而言，突破空间困境需要同时满足城市中心和周边地区的文化旅游需求，体现文化旅游活动更为广泛的地理分布，通过全域旅游的推广来保持这种平衡。经济困境的突破可以通过在刺激文化消费带来的短期直接利益和支持文化长期生产投入带来的长期利益之间进行平衡，以服务为导向，加强文化旅游产品生产，建立城市文化网络，确保文化旅游的有序发展。资金困境的突破，即平衡在临时和永久活动中提供投资的困难，事实上两难的问题不在于投资文化旅游活动和投资文化旅游基础设施之间的对立，而在于重新考虑如何处理这些投资。城市需要考虑的是如何避免投资建造昂贵的标志性基础设施却未能得到充分利用，而对因临时活动而投资建设的设施需要充分再利用，实现城市文化旅游可持续发展。

2. 城市发展中文化旅游的互动融合

现代城市发展中文化与旅游的相互融合表现为以下几种战略：一是通过一体化战略以提高城市社区的认同度和可识别性；二是通过文化产业战略强调当地文化产品传播和文化生产多样化，使之成为城市的增长潜力；三是通过文化消费战略，利用艺术作为城市推广的工具，强调吸引游客和投资者参与中心城区重大更新项目的建设。文化旅游在其中发挥的作用如下：一是以旅游促进经济增长为目标的商业战略，改善与提升城市形象；

二是以多样性文化吸引创意阶层集聚的战略，其目标是通过发展创意经济实现经济高质量增长，通过创意人才集聚促进城市发展；三是以促进社区发展、艺术教育和当地文化生产为主要目标的综合提升战略，提供更广泛的参与途径，支持当地文化生产、文化遗产保护、社区认同和城区更新发展。由此可见，城市文旅融合可以促进城市传统文化遗产的保护和传承，挖掘传统文化的旅游价值，丰富旅游目的地的文化内涵，提升城市形象和吸引力。

文化和旅游部门之间的主要合作领域包括：一是文化机构对历史遗迹、博物馆、画廊、剧院和音乐会等旅游场所和旅游活动提供的专业咨询；二是文化旅游开发活动和场所，如在古建筑物、古迹、历史街区、艺术画廊等空间载体里开展的活动；三是增强社会文化特征，如组织民俗活动、节庆活动、特色活动等，发展城市文化旅游部门之间的联合营销，旨在促进城市文化旅游品牌化发展。

（1）文旅融合赋能城市发展新创意

建立文化旅游目的地、开发特色文化旅游活动、加强艺术组织和商业企业之间的合作，可以实现创意经济下的文化旅游融合。城市创意经济的战略重点在于建设优化城市生活质量和生活方式的便利设施，以吸引软件设计师、建筑师、艺术家、作家和律师等专业知识型人才，从而刺激当地文化消费增长。实施该战略的前提是城市必须加强保护历史悠久的城市社区，增强文化和娱乐活动的多样性，吸引愿意加入创意经济的人群。

（2）文旅融合赋能城市发展新价值

城市发展必须考虑能够使经济发展多样化的新模式。旅游业被看作文化产业的补充，因为它有助于文化资源转化为旅游产品，文化旅游业已逐渐成为地方经济多样化发展战略的一部分。文化与旅游融合就是对旅游产品进行文化内容的赋能，利用城市的特色资源，发展文化创意，"嫁接"城市旅游，让旅游产生更多的社会价值和产业增加值。

（3）文旅融合赋能城市发展新品牌

文旅融合可以赋能城市发展，构建城市发展新品牌。城市品牌塑造是一个长期的、系统的过程，文化旅游是促进城市品牌塑造或者重塑的重要手段。在文化经济的发展过程中，城市的文化旅游项目的生成能力和推广能力，可以用于城市品牌的构建以及带来高质量的经济增长。城市将本地景点、建筑、基础设施等与城市品牌相结合，创建城市的专属文化品牌，实现商业项目的文化品牌化，为城市文化复兴增添重要商业价值。

3. 城市文化旅游融合的发展模式

从产业融合角度来看，文化产业为旅游业发展提供核心内容，提升了旅游业附加值。旅游业为文化产业提供了文化资源多次开发和利用的载体，实现了文化传播。文化产业与旅游业具有较强的产业关联性和耦合性，这是两个产业融合的基础。在数字经济下，城市文化产业与旅游业融合发展可以基于以下三种模式。

（1）供给侧改革驱动下产业链重组模式

供给侧改革驱动力主要来自城市发展文化旅游，可以塑造城市形象，刺激就业。文化旅游市场被视为增长型市场。传统旅游资源的边际报酬已经呈递减趋势，传统旅游服务的"吃住行游购娱"需要进行数字化重构，拓宽旅游市场边界；以供应链提升为主导，以数字化创新驱动文旅产品的供给侧改革，重组文化产业和旅游业的产业链。在供给侧改革驱动下，城市要联合多方力量合作，丰富旅游业的产业功能，提供具有文化附加值的文旅产品和服务。通过文化产业和旅游业的产业价值链重组，实现文旅产品和服务的创新供给。城市要发展必须以文化旅游作为再生战略，因为与文化旅游相关的活动能提高城市的形象和知名度，促进与旅游业直接和间接相关的经济活动的总体增长。文化旅游不仅以各种形式体现在城市遗产、建筑等硬件载体上，也包含在艺术和文化娱乐活动等方面，城市文化的主导地位随着全球联系和城市间竞争的增长而不断增强。在实践中，城市加强文化旅游综合体的开发和建设，划定城市特定区域为空间载体，依托已有旅游资源，将文化基因引入其中，形成文化旅游集聚区，为居民和游客提供了休闲、度假、研学、养生、运动等多功能的目的地，构建了文化旅游的空间体系，推动了城市文化旅游新供给的形成。

城市文旅产品和服务的供给还依赖于具有创造力、多样化和开放性的创意城市环境。比如，英国很多城市根据其自身特征，打造文学、电影主题特色文化旅游，其中文学旅游对于英国城市文化旅游发展具有重要意义：游客在文学兴趣激发下渴望了解莎士比亚的作品和生活，给斯特拉福德小镇带来了特色旅游发展；作家罗琳创作《哈利·波特》的大象咖啡馆，也成为爱丁堡文化旅游的重要目的地之一。英国旅游局利用电影拍摄地景观的独特性，通过发布电影旅游地图吸引和引导游客观光，带动城市旅游经济发展。文学、电影等主题旅游可以作为城市文化旅游发展的催化剂和新的供给模式。城市文化旅游融合发展应该着重推进产业链的重组和优化，立足于寻找"文化＋旅游"的融合点，将城市优势文化资源转化为文化旅游的物质空间，促进城市多样化形象的延伸和拓展。

（2）文化需求导向下产业链价值共创模式

当前，定制化、个性化、小众化等深层次旅游需求的出现，衍生出新的文旅产品和服务模式需求。文旅产业细分市场的不断出现，反向对供给链提出迅速反应的要求。只有基于数字技术的柔性化生产，才能匹配消费者多层次的消费需求，文化体验是旅游的主要形式，将文化需求融入旅游体验中，才能促进文旅融合。文化旅游类型包括文化遗产旅游、艺术旅游、创意旅游、城市文化旅游、乡村文化旅游、大众文化旅游等，体现了游客对文化旅游产品多样化的需求。比如，文旅小镇将文化元素、创意设计、自然资源等加以整合利用，满足消费者对特定文化的向往。文化旅游价值链作为一个整体，旅游利益的空间分散应通过创造商业价值来平衡，以最大程度地发挥文化旅游业对城市其他经济部门的积极影响，实现城市文旅融合的最优化发展。

城市文旅融合发展可以基于不同的侧重点来实现文化产业和旅游业的价值共创和共享。一是以文化为主导，将文化作为城市更新发展中的驱动力和催化剂，重点放在重大文化项目和方案的设计上，比如工业遗产再建设、重大城市文化节庆活动等。二是以旅游为核心，主要促进城市旅游活动的推介和建设，以旅游业为主要经济活动，充分融入城市空间和社会各领域。三是强调文化和旅游融合，将文化元素嵌入旅游载体内容中，用文化创意衍生塑造旅游市场，实现文化与旅游融合发展的新业态模式。比如，被誉为"欧洲文化之都"的科希策（Košice）是斯洛伐克第二大城市，它在2013年建设了一个名为"接口"（Interface）的项目。该项目基于"城市作为一个接口（沟通平台）"的理念，旨在连接新的文化形式与居民、游客。具体包括：如何推进现代化和充满活力及创意的城市的建设，如何将工业城市转变为具有创意潜力、教育环境和新文化基础设施的后工业城市，如何在可持续旅游业发展中推动文化大都市建设，等等。该项目是为满足居民和游客的文化需求而设计的，支持文化生产、文化遗产和基础设施建设，为城市提供了创新公共空间，也为城市文化旅游提供了支持。不管哪一种主导策略，城市文旅产业融合都应该建立在价值共创基础上，形成与城市已有产业的良性互动。基于共创视角，政府、企业、居民和游客能够对文旅产品达成共识，自发参与到文旅产品设计中，与产品产生文化共鸣，切实感受到文旅融合带来的新体验。文旅融合发展既可以凸显城市旅游资源的文化价值，又可以促使游客感受到独特的城市旅游意蕴，创造更多的社会价值和经济效益。

（3）数字技术推动下产业链延伸模式

数字技术推动下的文化旅游融合模式依赖于新技术获取文化旅游信息能力的增强、文化旅游新业态和新产品培育能力的增强。数字技术推动文化产业和旅游业在渗透融合过程中形成新的产业业态，带来产业链延伸，创造新的价值。数字技术作用于文旅融合过程的供给侧和需求端，为文化旅游供应者和消费者提供细分市场和按需匹配的动能，刺激供需双方参与到文化旅游融合的各个环节中。城市运用该融合模式，需要制定相关政策，并关注政策实施效果。一是制定数字化文旅产品的知识产权保护制度，营造创新氛围，推动文旅产业链延伸。二是为文旅产品数字化升级提供资金上的持续支持，减少因为资金不确定性带来的不利影响。

利用数字技术推动文旅产业融合发展，已经成为现有政策的核心内容。如国务院办公厅 2018 年发布的《关于促进全域旅游发展的指导意见》（国办发〔2018〕15 号），明确提出了利用数字技术加快文化和旅游业的深度融合发展。数字技术可以运用在城市已有的历史文化建筑、文化主题公园、各类文化展馆等载体上，将静态的、单一的观看变成动态的、互动式参与及体验式文旅产品和服务，促进文化旅游消费。文化和旅游部 2020 年发布的《关于推动数字文化产业高质量发展的意见》提出了培育云演艺业态、发展沉浸式业态等新型业态的要求，将虚拟现实（VR）、增强现实（AR）、5G+4K/8K 超高清、数字多媒体等技术运用到文化旅游演艺中，数字科技与旅游演艺融合带来了沉浸式体验演出。在"文旅＋科技"的融合模式下，延伸文化旅游产业链，推进文化旅游与农业、制造业、体育、教育等其他产业的融合发展。

（三）文旅融合赋能城市夜间经济的现实困境

1. 城市夜间经济治理维度的双重性

城市夜间经济的参与主体较为广泛，有景区内部工作人员、政府部门工作人员和本地居民等，造成了城市夜间经济治理的复杂性。目前我国城市夜间经济发生的场景主要涉及景区、街区、商圈和演艺场所，其实际治理主体则主要包括内部的景区自治组织和外部的政府监管组织，而基本治理体系则涵盖内部治理和外部治理两个层次。实际上，城市夜间经济的内部治理更加侧重于景区等夜间经济发生场所内部的自我治理，其涉及的治理领域相对有限，如夜间景区和夜间演艺等经营活动往往是在政府部门相关政策的指导下，由景区自身或夜间演艺组织者围绕其夜间经营活动的合法性、安全性和营利性进行自我治理。与之不同的是城市夜间经济的外部治理，其治理领域的范围相对宽泛，如都市商圈和城市街区等夜间经济发生区域，其所开展的夜间治理行为普遍具有显著的外部性，往往需要城市管理部门以外部治理的形式来维护上述空间的基本秩序。因此，城市夜间经济治理体系呈现为内部和外部的双重治理情形，造成了城市夜间经济治理问题的复杂性。城市夜间经济治理需要厘清内部治理和外部治理的合理界限，实现城市夜间经济治理主体职责的明确化和治理边界的清晰化，以推动城市夜间经济治理架构的合理化和优化。

2. 城市夜间经济具体业态的融杂性

经济合规性引导的缺失带来非正式经济的边缘化特征，造成了非正式经济在城市秩序中的融入困境。充满烟火气息的地摊儿经济作为城市夜间非正式经济的一种，其存在具有现实合理性，但需要政府部门加以引导，使其逐步具有正当性。正式经济的经营手段和经营结果均在正式和非正式的制度界限以内，而非正式经济则混合了正当性和非法性。以地摊儿为主要形式的非正式经济，尽管在城市经济内部呈现显著的边缘化特征，但其赋予了城市夜间活力，丰富了城市夜间产业业态，也将有助于营造城市情怀，并成为城市夜间经济的重要支撑。正式经济与非正式经济均为城市经济的有机组成部分，城市夜间经济的长久运营则需要两者融合发展。考虑到城市夜间非正式经济和正式经济的显著差异，亟须围绕二者的基本属性构建差异化的城市治理体系。城市夜间正式经济在治理的过程中侧重于增强这一类型经济形态生存的活力，需要鼓励并持续扩大其市场份额。与城市夜间正式经济不同，非正式经济在治理的过程中更加侧重于合规化运营。因此，通过构建差异化的城市夜间经济治理体系，可以推动城市夜间非正式经济的融入式发展，持续凸显城市夜间非正式经济的正向效应。不断强化城市夜间正式经济和非正式经济的耦合发展，对城市夜间经济的可持续运营将产生积极意义。

3. 城市夜间经济利益配置的复杂性

考虑到城市夜间经济涉及的利益主体众多，相关利益主体之间在逻辑上往往呈现冲突的多样性，其主要包括以下三种情形：其一，本地居民群体与城市夜间外地游客之间的潜在冲突。本地居民享有夜间正常作息以及追求高质量生活环境的权利，外来游客拥有追求夜间欢乐时光的自由。而发展夜间经济会在很大程度上带来噪声、垃圾、光污染、交通拥挤、社会治安隐患等社会问题，极易引发两个群体之间的矛盾。其二，城市夜间经济的供给主体与治理主体之间的潜在冲突。此处的供给主体主要指地摊儿商贩等非正式经济运营主体，其与景区、商圈、街区、演艺场所相比，往往缺乏客观存在的运营合规性。地摊儿商贩虽然能够满足本地居民和外地游客的部分需求，甚至能够带来大型商圈所无法提供的具有猎奇性质的新事物，体现城市温度和城市活力，但是部分地摊儿经济的合规性严重缺失，尚需政府部门的监管和有效整治，其所蕴含的不同主体间的潜在冲突需要进行有效调和。其三，城市夜间消费主体与公共服务供给主体之间的潜在冲突。夜间消费主体主要包括本地居民和外来游客，而良好的夜间旅游等消费体验依赖于城市公共配套设施的充分供给，特别是城市公共交通的可达性已经成为制约城市夜间经济运营的重要力量。因此，对于城市公共服务的供给主体而言，应该构建一个多维、快捷的交通体系，破解"最后一公里"的交通困境，最大程度地节约夜间旅游参与者的时间成本、体力成本和财力成本，充分激发夜间潜在消费群体的参与意愿。总之，城市夜间经济利益攸关方矛盾缠结的普遍性，不同群体间行为冲突的相对多样性，导致城市夜间经济运营交易成本节约的不可控性。

4. 城市夜间经济运营过程的粗放化

城市夜间经济的业态同质化和延时营业效率低，导致其运营过程出现显著的内卷化倾向。城市夜间经济产品和服务的同质化表现为主要业态的单一化。我国城市夜间经济发展已逐渐从粗放经营向精细运营转换，夜间经济3.0的到来更是推动了城市夜间经济的提质升级，城市消费时空获得了持续延伸。尽管如此，我国城市夜间经济仍是以夜间餐饮、夜间旅游和夜间住宿等传统产品为主，新兴的夜间消费产品和服务并未获得有效发展。此外，城市夜间经济的具体业态陷入同质化、低端化困境，如各地如出一辙的小吃一条街、亘古不变的灯光场景营造，成为城市夜间经济的低效发展态势。城市夜间经济延时营业低效率——经营时间"竞争式"延长与延时经营绩效相对低下，实际上，全时运营往往带来不断增加的高昂经营成本与持续低迷营业利润的双重压力。因此，唯有充分契合潜在消费群体的客观需求，城市夜间经济才能实现高质量运营。文化和旅游的有机融合为夜间经济发展持续赋能，将为城市夜间经济发展的范式转换提供关键支撑。

5. 城市夜间经济文化内嵌的浅薄性

本土文化元素的融入困境以及文化消费层次构建和文化创意传播的相对缺失，造成了文化内涵嵌入城市夜间经济运营过程的浅薄性。如何将文化元素多尺度地嵌入城市夜间经济发展过程，则是夜间经济持续运营的重要现实命题。将本地文化融入当地产品是彰显本地文化和特色最直观、最有效的方式，虽然当前我国很多城市也将文化元素融入创意产品中，但是文化产品的批量化和产业化仍需进一步体现出当地夜间旅游产品所表达的地方性。其本质原因在于城市文化禀赋资源的深度挖掘不足，本土化融入存在障碍，造成了城市夜间旅游产品地方性表达与城市文化脉络的融合性发展相对缺失。城市夜间经济文化层次构建并未进行严格细分，采用混合供给的方式满足市场的需求已是通常做法，造成了城市夜间产品之于目标市场群体的差异化定位相对缺失。考虑到目前城市夜间经济的消费群体仍以青年群体为主，城市夜间经济的可持续运营则需要充分了解这一消费群体的文化偏好和行为特征，同时有效进行城市夜间消费群体的目标客户群体划分。城市夜间经济文化层次构建的缺陷将导致本土文化融入性发展的动能不足。

因此，如何满足城市夜间经济消费主体基于文化偏好特征的差异性消费需求，成为城市夜间经济运营绩效提升的重要基础。城市夜间经济的培育和运营不仅需要依赖本土文化资源的传承，同时也需要文化符号的构建和传播，以充分彰显城市的文化底蕴和精神内涵，并依托城市文化认同激发潜在消费群体的跨时空消费能力。城市知名度和美誉度的显著提升则需要将传统文化传播模式与新型传媒方式充分结合，以文化"破壁"为载体实现城市形象的重塑和城市价值取向的共鸣。在推崇高质量发展、新旧动能转换的新时代，城市夜间经济发展更需要依靠自身特色，而城市文化则可为城市夜间经济持续运营注入新鲜血液，使其具有"活的"灵魂。

二、国内外文旅融合与城市经济互动发展的经验借鉴

（一）国外文旅融合与城市经济互动发展的经验借鉴

1. 西欧文化旅游与城市经济协调发展模式

欧洲在文化旅游发展方面一直是世界上的典范，其文化遗产的保护和再利用方法值得世界其他国家借鉴。法国、意大利、德国是欧洲文化旅游发展迅速的典型国家，在入境和出境游方面均遥遥领先。欧洲各国大都经历了城市发展交织着结构性衰退、功能性衰退和物质性老化等多种问题。欧洲的许多城市都是古城，在城市发展时，并没有把城市推倒重建，而是在古老城市的基础上倡导"区域复兴"。"区域复兴"是欧洲国家在20世纪五六十年代面临老城区增长缓慢、功能弱化、就业下降以及其他矛盾的背景下提出的，该战略的实质即区域的重新振兴，经历了产业与功能转型、传统产业的现代化改造、管理制度变迁、区域政策调整、城市改造与振兴、生态环境治理、基础设施重建、区域形象提升等诸多方面的变化。

"区域复兴"成为目前西方城市提升竞争力的主要手段。德国的鲁尔地区就是这方面的典范，在原有老城的基础上将文化遗产资源进行重新利用，既达到了保护的目的，又带来了经济收益，并通过国家和城市规划，优化城市布局，实现了文化遗产保护和城市的协调发展。

同时，欧洲各国注重各个国家和地区之间的合作，如合作营销、共同保护、制度一致等。如欧洲的"文化之都"活动是从1985年开始的一项推

广欧洲文化城市的活动，每年评选出几个代表性的文化城市，希望以文化为纽带把整个欧洲城市串联起来。获得"文化之都"活动的城市会安排各种文化活动，来展示自己的文化遗产及文化成就，以期加强与欧洲以及世界其他国家和地区的文化交流。"文化之都"活动既有效地提高了城市的影响力，又促进了本地区文化和城市经济的发展。

2. 美英文化旅游与城市经济协调发展模式

美英由于历史等因素，许多政策制度如出一辙。美国自20世纪90年代以来倡导新凯恩斯主义，主要是国家宏观调控与企业自治相结合，在此宏观政策下，文化元素作为一种城市复兴的经济资本，成为城市的新名片，使之拥有独特的文化元素和竞争力。通过整合文化元素与现代生活元素，并与城市规划相结合，成为美英城市提升活力的重要手段。美英注重从国家层面倡导文化遗产保护，因为保护是再造的基础，如美国的《国家历史保护法》确立了联邦、州、地方各级保护体系，针对各类文化遗产、文化历史遗存及古代生活场景制定了完善的法律保护体系。另外，对于私人投资遗产建筑等行为的奖励政策，如税收减免，也起到了很大的激励作用。美国更多地体现出一种自由、开放式的管理模式，即鼓励地方及产业自主发展，联邦政府给予必要的政策引导及经济补助。

3. 新加坡文化旅游与城市经济协调发展模式

事实上，很多国家和地区文化旅游的发展是伴随着文化产业的发展进程的，新加坡也是如此，在经济发展的同时，把文化产业的发展作为国家经济发展和人文改善主要的"助推器"。国家层面出台了一系列的政策和措施来推动文化产业的发展，如1989年由新加坡文化艺术咨询理事会出台的《国家艺术发展报告书》，2000年出台的《文艺复兴城市报告》以及2003的"再造新加坡"计划，注重文化艺术人才的培养，在文化产业发展的同时带动文化旅游产业的发展。新加坡政府认同，文化遗产既是一种经济资本，又是一种社会资本。新加坡在极力保护文化景观的同时，形成了成片的遗产链历史保护区域，如中国城（Chinatown）、小印度（Little India）等，这些保护区域的面积占到了中心城区的4%。同时，新加坡以"花园城市"自称，优良的城市环境和经济发展业绩吸引了大量的游客。新加坡的会展业也成为文化发展的典型，每年举办的大型国际赛事、国际会议均推动了城市经济发展。

4. 国外文化旅游与城市经济协调发展的经验借鉴

第一，在国家层面，制定有利于城市和文化旅游协调发展的国家政策。从欧、美、英以及新加坡等国家的城市发展历程来看，国家和政府都比较注重文化旅游资源保护，在保护的基础上发展，并且以国家法律法规和制度来实现文化资源的保护。事实上，对于经济较为发达的欧美国家来说，文化资源保护较好本身就成为一种吸引力，文化特色成为城市发展的方向。城市发展倡导的是适度发展，城市的布局和发展都以保护文化遗产为首要前提。欧美城市的发展并没有让文化遗产保护"绝缘"，而是倡导文化遗产古老城区的"区域复兴"，使得文化遗产保护和文化旅游发展以及城市的发展处于互动协调之中。

第二，在城市层面，制定有效的城市发展规划。欧美城市的发展较注重城市规划的制定，且具有长效性，并不因城市管理者的改变而朝令夕改，且领导意志的决定性并不大，全民参与及监督机制使得城市的规划只能服从于城市发展的实际。有效、完善、长效的城市发展规划使城市文化资源保护能得到有效实现。

第三，在微观层面，注重私人企业或者机构对于文化遗产保护的介入。欧美城市对于私人或者机构介入文化遗产保护有着较好的奖励制度，文化遗产的再利用模式成为欧美社会普遍接受的一种私人资本介入文化遗产保护的模式。通过对旧文化遗产的重新开发和再利用，使得文化遗产的经济效益得以发挥，如美国昆西市场的改造，英国曼哈顿阁楼开发公司等。这样的做法既能避免地方政府陷入为文化遗产保护筹措资金的为难困境，又能让私人机构获利。诸多实践证明，西方将文化遗产保护和再利用已经作为一项产业来实践。

第四，在国民意识层面，对于文化遗产资源的保护与城市协调发展的认可和全民参与。欧美国家的大部分城市在二战后的很长一段时间内，也是以推倒重建为主要的城市发展方式。推倒重建的结果是破坏了大量的历史遗存，在此过程中，伴随着民众对于破坏文化遗产和历史遗存的大量反对之声，以及当局者对于城市发展模式的思考，西方城市的发展模式转向为再利用模式。西方城市的发展较尊重民众参与化及民众意愿的表达。而民众均有较强的文化遗产保护意识，这对于当局的监督作用比较明显。

（二）国内文化旅游与城市经济协调发展经验借鉴

1. 杭州

杭州是浙江省省会、浙江省政治经济文化中心，历史悠久，是中国七大古都之一，五代吴国、越国和南宋王朝都曾在此建都，"上有天堂、下有苏杭"是对杭州的经典赞美。

杭州经济发展以及区位优势提供的便利为文化旅游发展奠定了基础，而文化旅游的发展又为杭州城市的发展提升了品位，提升了形象。杭州的游客满意度在历年排名都是位列前茅的。总体来说，杭州城市文化旅游与城市经济协调发展的经验如下。

第一，注重城市历史文化的保护和传承。南宋文化是杭州的文化之魂，杭州在发展文化旅游时，注重对各种文化资源，如对饮食文化、宗教文化、茶文化、建筑文化等的重新梳理、整合以及创新。如杭州"西湖十景"的再现就是文化旅游发展的佐证。杭州文化旅游的发展与文化旅游的研究互相促进，如南宋史研究中心的成立以及相关专著的出版，对城区文化氛围的构建作用较大。再者，为了保留原有建筑和社区，在不迁移区内原住民的前提下，杭州市通过对上城区的重新规划建设，开发了南宋皇城大遗址公园，从而有效地再现了南宋皇城的原貌，保护了皇城遗址，改善了原住民的生活环境，也节约了大拆大建的成本。

第二，创新城市和文化旅游发展理念——西湖经验。杭州西湖环城公园从 2002 年开始实行"一免四不"政策，即免费开放，门票不涨价，不出让土地，不破坏文物，不侵占公共资源。从表面上来看，每年的门票收入减少了，但是实际上，由于西湖的免费开放，带动了周边旅游产业经济效益的大幅度增长。它是我国第一家不收门票的 5A 级景区。免费政策实行二十多年来，极大地促进了杭州市经济、社会、环境效益的提升。这种创新型的理念是文化旅游和城市经济协调发展的有益探索。

西湖景区实行"一免四不"，并不是偶然为之，事实上浙江是最先具有免费提供公共文化服务意识的省份，是我国最早实行博物馆免费开放的省份，从而促成了我国博物馆免费开放成为一种制度。在此之后，以

2008 年印发的《关于全国博物馆、纪念馆免费开放的通知》（中宣发〔2008〕2 号）为标志，我国进入博物馆全面免费的新时代。西湖景区的免费开放，对于杭州市整体的城市形象及旅游经济效益起到了正面促进作用，带来了游客量的增加以及游客停留天数的增加，从而带动了整个城市旅游相关行业收入的增加。

第三，城市发展注重对遗产资源保护的空间布局优化。杭州市依托西湖等文化旅游景区，城市整体的发展布局都以保护文化遗产资源为前提，通过疏散老城区和风景区的人口，达到保护老城区的目的；通过逐渐开发以钱塘江为轴线的新城区，从而形成"保老城、建新城"的城市布局。我国目前大部分城市的发展都是拆老城、建新城，城市虽有焕然一新的面貌，但是代表城市文化元素和历史积淀的老旧文物均为城市新建"让道"。对于城市管理者来说，似乎城市的文物保护与城市建设是一道永远无法破解的难题。而杭州的城市发展既保护了历史文化老城区，又拓展了城市发展道路。同时，杭州市还通过了"西湖保护工程"，即把西湖核心景区影响景观的建筑拆除，把景区单位及住户外迁，减轻西湖景区的人口负担，新建景区公共绿地，极大地保护了城市的核心、文化旅游景区，是值得其他城市借鉴的成功经验。

2. 景德镇

（1）景德镇文化旅游发展进程

景德镇千百年来积累的陶瓷工艺精湛无比，陶瓷艺术精美无穷，陶瓷文化底蕴深厚，这一切都令无数人向往，景德镇也因此拥有"世界瓷都"的美誉。20 世纪 90 年代，在改革开放大潮下，中国陶瓷艺术界开始与国际陶瓷艺术界进行学术交流，由于景德镇在历史上的地位，使其成为世界陶艺家心中的圣地，各国陶艺家们源源不断来到景德镇"朝圣"，景德镇陶瓷文化旅游产业开始初露头角，给景德镇陶瓷产业转型发展带来了希望。景德镇被评为"中国国家首批历史文化名城"，在经历了转型的阵痛、发展的迷茫之后，敏锐地把握住改革开放的历史机遇和高质量发展的时代机遇，走出了一条历史文化名城复兴的成功之路。此时的景德镇文旅产业发展模式并不成熟，只停留在缓慢起步阶段。

直到 2009 年以后，景德镇在经历迷茫摸索之后，终于找到能够发挥自身特色的合适的发展道路，从此陶瓷产业开始了转型发展之路，景德镇陶瓷文创产业、陶瓷文化旅游产业开始蓬勃发展。2016 年景德镇陶溪川项目的成功，证实了陶瓷产业转型升级之路的正确性。陶溪川是个复合型项目，通过对工业遗产的有效保护和合理利用，将原来的"宇宙"瓷厂遗址打造成现代文化创意街区，不仅延续了景德镇千年的陶瓷文脉，更是实现了陶瓷产业、工业遗址的涅槃重生，政府也由此看到了发展的多种可能性。有了陶溪川项目的成功经验作为标杆，景德镇开始对更多的保存较为完好的工业遗址进行改造利用，以类似的方式使景德镇城市发展过程中遗留下来渐渐被遗忘的大量旧厂区重新走进人们视野，焕发出新的活力，打破景德镇陶瓷产业发展的困局。悠久的瓷业历史，深厚的陶瓷文化，完善的制瓷技艺等宝贵的人文资源，都是景德镇陶瓷文化复兴的必要因素，给景德镇的发展带来了难得的历史机遇。

自 2009 年决心走历史文化名城复兴之路以来，景德镇精准抓住机遇，充分利用现有资源，以陶瓷文化为基础，大力发展文旅产业，利用陶瓷文化深远的影响力，提高文旅产业的吸引力。事实证明，景德镇以陶瓷文化为引领的文旅融合之路是正确的，文旅产业取得了显著成效。近年来，景德镇的旅游总人数不断增加，旅游收入也是呈现出连年攀升的可观局面。虽 2020 年受新冠病毒感染疫情影响有所下降，但总体发展态势良好，文旅产业蓬勃向上。景德镇被誉为"中国优秀旅游城市""中国最值得去的50 个地方之一"，被国家文化旅游部门列为向海外推出的 35 个王牌旅游景点之一。截至目前，景德镇拥有一个国家 5A 级景区——古窑民俗博览区和 11 个国家 4A 级景区，同时古窑民俗博览区也是国内唯一一个以陶瓷文化为主题的 5A 级景区，景德镇是中国独有的以陶瓷文化为特色的旅游城市。

景德镇把握机遇，迎接挑战，大力发展陶瓷文旅产业，促进对外文化交流，加强陶瓷文化软实力建设，开创了中国陶瓷与世界对话新的绚丽篇章。景德镇以瓷文化为主导，依托陶瓷文化资源和得天独厚的现实基础，打造内陆开放型文化重镇，重塑"匠从八方来"的新气象，打造人文艺术之城、中国文化之都和世界瓷都，目前已经初见成效。景德镇正在从一个生产型的城市蜕变成一个知识型的社会。以往的陶瓷集散地，从生产地变成了城市艺术区，不仅在生产瓷器，也在生产艺术、生产文化、生产景观。景德镇陶瓷工业提供给消费者的不仅是物品，更是文化知识、文化符号、景观符号，甚至还有新的生活方式、新的价值理念。人们来到这里不仅是为了购物，还为了观赏和体验。景德镇文旅产业正飞速向前发展，文旅融合不断深入，创新创意催生着文旅产业新业态、新模式不断产生。

（2）政策催生景德镇发展新纪元

景德镇国家陶瓷文化传承创新试验区（以下称创新试验区）于2018年10月经国务院正式批复设立。次年国务院对《景德镇国家陶瓷文化传承创新试验区实施方案》的正式批复中明确提出，创新试验区建设的战略定位是"两地一中心"，即把景德镇建设成为国家陶瓷文化保护传承创新基地、世界著名陶瓷文化旅游目的地、国际陶瓷文化交流合作交易中心。

创新试验区的建设对景德镇具有划时代的重大历史意义，带来了景德镇发展的新纪元。同时创新试验区的建设提出了要对陶瓷文化资源进行充分整合，培育陶瓷文化新业态，推动陶瓷文旅深度融合，这也给陶瓷产业带来了转型升级的新机遇，使文旅产业迎来了创新发展的新时代。

江西省在"文化强省"和"旅游强省"战略的引领下，始终把创新作为第一动力引领产业发展，以创新发展催生新动能，以深化改革激发新活力，贯彻新理念，构建新格局，推进文旅产业深度融合，促进文旅产业高质量发展。在此基础上，江西省委、省政府高度重视景德镇创新试验区的建设工作，多次在江西省文化和旅游发展相关意见中提及景德镇的文旅产业发展方向。《江西省"十四五"文化和旅游发展规划》中有专门章节阐释创新试验区建设的指导意见，明确指出要加强陶瓷文化资源保护利用，高标准建设创新试验区，贯彻落实"两地一中心"的发展战略；要求景德镇要推进古窑址、工业遗产、历史街区保护利用，重点发展旅游文创产业；推进陶溪川、三宝瓷谷等重点陶瓷文化景区开发建设，打造国际陶瓷文化交流合作交易中心，全面融入"一带一路"建设。①

景德镇认真落实江西省委、省政府工作要求，坚持高站位推动、高标

---

① 江西省人民政府. 江西省"十四五"文化和旅游发展规划 [EB/ OL].（2022-03-05）[2021-12-31]. http：//dct.jiangxi.gov.cn/art/2021/12/31/art_14746_3814300.html.

准规划、高水平管理、高质量落实，建设文化和旅游融合创新体系，不断培育文旅新业态，增加文旅新亮点，优化文旅产业结构，推进产业高质量发展，打造世界著名的陶瓷文化旅游目的地。创新文旅融合已经成为当前景德镇文化旅游发展的重中之重，也是景德镇繁荣复兴的重要法宝。

创新试验区的创建是景德镇发展的新契机，相关政策支持为景德镇文旅创新融合实践提供了有力支撑和指导意见。在政策意见的催生下，景德镇充分整合陶瓷文化资源，以瓷为魂，打造陶瓷主题景区，彰显陶瓷文化元素和底蕴，加快旅游名城建设，复兴千年古镇，重塑世界瓷都，成功建设了一批文化遗产保护利用的典型样本景区。

三、文旅融合与城市经济互动发展的实现路径

对于文化旅游城市来说，要找寻一条符合实际的发展道路，并立足于地区的实际，探索出新道路和新模式才是成功之道。文化旅游与城市经济协调发展的着眼点不外乎两点，即保护和开发。在保护的主线上，如何保护核心文化旅游资源，实现城市文化旅游的可持续发展；在开发的主线上，如何开发文化旅游资源，实现文化旅游与城市经济的协调发展。文化旅游资源既能推动城市经济发展，城市经济发展又能与文化旅游发展实现良性互动开发。

（一）文化旅游推动城市经济发展的模式

对于文化旅游推动城市经济发展的城市来说，文化旅游产业的发展在推动城市经济发展的过程中扮演着重要的角色，文化旅游业的发展带动了城市相关产业的发展。对于这种发展模式来讲，要促进文化旅游与城市经济的协调发展，必须以保护文化遗产资源为基础，并充分发挥文化旅游产业的带动作用。

从产业角度来分析，在这种发展模式中，文化旅游产业对城市 GDP 的贡献较大，是城市主要的支柱产业之一，城市发展对于文化旅游的依赖程度较大，所以在文化旅游与城市经济协调发展的过程中，应注重充分发挥文化旅游对于城市经济的带动作用，促进城市其他产业的均衡发展。

第一，保护文化遗产资源。对于文化旅游推动经济发展的城市，文化

旅游资源是最重要的城市发展基础，许多文化旅游资源是产生于文化遗产资源基础上的，许多城市创造的文化旅游资源均以文化遗产资源为基础，如西安市临潼区经济的发展是依托于兵马俑、华清池等文化遗产资源。如果文化遗产资源的发展潜力过度挖掘，势必会导致此地区的可持续发展成为难题。保护城市赖以发展的文化遗产资源，杜绝破坏及过度挖掘等行为，才是此类城市经济和文化旅游协调发展的根本所在。

文化遗产资源是城市文化旅游发展的根本，没有文化遗产资源，就没有城市发展的特色，所以，保护好文化遗产，有利于城市特色和文化旅游发展基础的建立。可以探索城市文化旅游发展的多种形式，如文化创意产业的发展，既延续了城市的历史文脉，又发挥了文化的资本价值，也降低了城市的改造成本，还可以提升城市的形象。

在发展之初，我国西部很多城市都基于追求经济效益的增加，在拆除古建筑的基础上兴建地产或用作其他商业目的，在短期之内的确带来了经济收益，但是，却破坏了文化资源，割断了城市的文脉，对于城市历史文化完整性与真实性的延续具有毁灭性的打击，既不利于城市文化旅游的长期发展，也不利于城市经济的长远发展。我们必须寻求一条文化旅游既能促进地区经济发展，又有利于文化遗产保护的可行之道。从目前来看，保护核心区域的不可再生文化遗产资源，丰富文化旅游的外延形式，挖掘多种类型的文化遗产资源表现形式，是可取的，如对文化旅游演艺节目的挖掘以及文化遗产陈列形式的改变、与文化旅游相关的节庆活动都可以成为文化旅游发展的多种形式。

第二，做好城市发展的空间布局规划，对文化旅游区域进行分区管理。文化旅游与城市经济协调发展，应做好城市发展的空间规划，对于核心景区和边缘景区进行区别管理。核心景区要加强文化遗产资源的保护，限制开发程度，可以探索多种形式的遗产呈现方式。考虑文化旅游发展对于当地社区和居民的影响以及遗产保护的延续性，对于外延文化旅游景区，可以探索文化旅游发展的多种形式，如建立文化旅游创意园区、兴办各种节日活动等，加大宣传和影响力度，吸引更多游客，创造经济效益。城市在进行规划时，尽可能把经济发展、基础设施等各种因素考虑在内，且城市规划应注重长期性和有效性。对于文化旅游城市来说，城市规划的核心是如何在发展城市的同时与城市形象提升相结合，与城市的历史文化脉络相结合，任何割裂城市文化形象的城市建设以及不兼顾文化保护的城市发展，都是不具有长远发展眼光的。

对于遗产城市的文化旅游发展模式，也应区别对待。在低需求、低供给的文化能力不足地区，城市管理部门要尽可能开发新的文化旅游产品，创新文化旅游资源模式，改革和创新旅游营销方式，提升自身的文化供给能为，挖掘多种文化旅游形式；对于高需求、低供给的地区，应加大限制需求的手段，维护核心资源的保护和平衡。对于低需求、高供给的地区，应拓展营销渠道，改善基础设施，提升游客的可进入性。

另外，根据分区管理原则，在文化旅游的可发展区域，也可以通过政策引导、经济鼓励等多种方式形成文化产业集聚区，在打造城市文化特色的同时，可兼顾区域经济发展，文化产业集聚区必须与文化创意产业发展相结合，才能提升该区域的吸引力和运作力。

第三，发展文化旅游产业集群，形成城市增长极。旅游产业集群是在一定地域空间中，由相互关联的旅游企业及其他相关组织机构组成的具有复杂性的产业组织形式。文化旅游产业集群也可以认为是由文化旅游企业与其他组织形成的产业组织形式，如文化旅游产业园、城市综合体等。

文化旅游产业集群的主要功能作用在于形成城市的经济增长极，从而带动城市经济的增长。如西安曲江文化产业园区，是陕西省、西安市确立的以文化产业和旅游产业为主导的城市发展新区，它核心区域面积为40.97平方千米，同时辐射带动大明宫遗址保护区、法门寺文化景区、临潼国家旅游休闲度假区和楼观台道文化展示区等区域，发展区域总面积近150平方千米。作为国家级文化旅游产业园区和5A级景区，其文化旅游产业占全西安市场的"半壁江山"。同时，文化旅游产业集群可以作为城市文化和城市形象的代表区域，在城市经济增长和城市形象塑造方面的贡献较大。

文化旅游产业集群的表现形式丰富，在我国最具代表性的为文化旅游产业园区，虽然起步较晚，但是发展迅速，如山东曲阜文化产业园区、成都青羊绿舟文化产业园区，都是当地极具特色又对当地经济贡献较大的产业集群。

第四，发挥文化旅游产业集团的积极作用。文化旅游资源的挖掘、文化旅游产业的发展，离不开具有雄厚资金实力和丰富文化旅游产业运作经验的企业支撑，文化旅游产业集团应运而生。地区文化旅游产业集团的组建，必须包括几大关键点：文化遗产资源、英雄式的集团管理者及先进的文化产业运作理念。宋城集团、曲江文化旅游集团、灵山文化旅游集团是我国文化旅游集团中的代表，打造了一批地方特色浓厚、文化资源特色浓缩的文化旅游项目，如宋城集团打造的"宋城千古情""丽江千古情""三亚千古情"，曲江文化集团打造的曲江文化旅游产业园区，均为地方经济发展注入了活力。

同时，我国文化旅游集团发展的一大特点是旅游地产与文化旅游的融合发展，如华侨城集团和万达集团。地产集团雄厚的资金实力与文化旅游的高吸引力相结合，促进了文化旅游地产的飞速发展。同时，文化旅游地产的发展带动了相关产业的发展和地区就业数量的提升，从而推动了地区经济的飞速发展。

（二）城市经济推动文化旅游发展的模式

城市经济推动文化旅游发展的城市类型，特征是城市经济的繁荣发展，推动了城市文化产业的进步和城市吸引力的提升，从而促进了城市文化旅游的发展，并享受了城市经济发展正外部性，如基础设施便利、交通条件改善、接待设施及服务的改善。这种发展类型多见于我国大中型城市，如上海、香港、深圳等。此类城市在文化旅游与城市经济的协调发展方面，需不断创新文化旅游产品，塑造文化旅游品牌，创新文化旅游发展理念。

第一，塑造文化旅游品牌。文化旅游品牌的塑造，是一个复杂的系统工程，但城市文化旅游品牌的成功塑造对于城市文化旅游资源的宣传和城市知名度的提升作用是巨大的。品牌塑造需要深刻总结城市文化旅游资源的主要特点，形成文化旅游宣传口号，设计标志性的LOGO，同时，与系列的宣传推广活动相配套。需要说明的是，城市文化旅游品牌的凝练，应尽可能代表城市文化旅游资源的特点。

城市文化旅游品牌既代表文化旅游形象，又要与城市形象相契合，成功的城市文化旅游品牌有助于城市形象的提升，也有助于城市文化旅游的宣传推广。同时，城市文化旅游品牌的内涵是丰富的，可以是一个景点，也可以是一条线路，或者一个旅游目的地，所以，品牌的标识和宣传口号的设计和选择尤为重要，它是城市文化特色及形象的凝练。品牌是有价值的，成功的文化旅游品牌是城市发展的助推器，在城市形象提升的同时，也带给城市巨大的发展机遇。

城市文化旅游品牌的塑造和推广，对于文化旅游资源保护也是有重要意义的，城市文化旅游的发展之道在于保护核心资源，丰富外延形式。对于文化旅游资源衍生产品的开发，对于文化旅游商品的开发和创新及相关产业链的开发，丰富旅游体验，如果有文化旅游品牌做支撑，会起到相得益彰的功效。

第二，创新城市经济和文化旅游发展理念及运行模式。尝试文化遗产的再利用模式，发挥文化遗产的经济效益。国外诸多城市对于私人或者机构介入文化遗产保护有着较好的奖励制度，文化遗产的再利用模式成为欧美社会普遍接受的一种私人资本介入文化遗产保护的模式，通过对旧文化遗产的重新开发和再利用，使得文化遗产的经济效益得以发挥。西方社会已经把文化遗产的保护和再利用作为产业来发展，所以可以见到诸多文化遗产再利用公司，进行专业化的维护和利用，并通过独特的呈现形式实现文化遗产的再利用。

文化旅游发展的资本来源，可以有三个途径：私人资本、社会资本以及政府资本。私人资本投资在我国并不多见，源于私人资本利益的无限性以及相关约束制度的不健全，但是可以作为以后探索的模式。社会资本主要源于非营利性的公益组织，对于文化遗产开发和文化旅游资源开发的资金投资或资助，这种方式在我国也不多见，因为社会捐助资本的相关制度不健全和不可控性。政府资本是目前文化旅游资源开发的主要经济来源，但是鉴于政府财力的局限性，我们应该挖掘前两种资本并探索其有效运行模式。

对于我国文化旅游城市来说，一方面可以探索民间资本对于文化旅游资源的进入，但是必须完善相关的管理和监督机制；另一方面，也可以探索新的运作模式，创新理念，开放思想，不必照搬西方社会经验。立足本国实际，借鉴欧美和世界其他国家成功经验，创新才是根本，人才、制度、环境是创新的保障体系。城市文化旅游的创新在旅游业日趋发展的今天显得尤为重要，在保护现有文化旅游资源的基础上，开发文化旅游产品，发展文化创意产业，突破目前的观念枷锁，以实现城市文化旅游运营模式的创新。实现文化旅游，既能推动城市经济发展，提升城市形象，又能实现文化旅游资源的永续利用。"西湖模式"的成功，证明了创新运营模式的重要性：杭州城市管理者突破了现有的景区经营模式，从收费改为免费，克服了短期行为，"免费"为城市带来了长远效益。目前我国部分文化旅游城市都存在一哄而上的行为，盲目照抄，生搬硬套，所以，有的旅游产品快速消亡了。结合本城市的实际，冷静分析，立足长远，寻求新文化旅游发展模式才是与城市经济协调发展的根本道路。

（三）文化旅游渗透于城市经济发展的模式

文化旅游渗透于城市经济发展的模式，是指文化旅游与城市经济发展同步前进，在发展过程中，旅游业对城市 GDP 的贡献与其他产业的贡献相当。在此类城市的发展过程中，应充分发挥法律法规对文化旅游资源的保护功能，在城市发展规划中，应注重城市发展的空间布局，同时，积极推行"旅游+"的发展理念和模式。

第一，建立健全文化遗产保护的法律法规体系，寻求文化旅游与城市经济协调发展的制度保障。西方国家文化遗产保护得当的一大原因在于西方社会对于文化遗产保护有着完善的法律制度，任何破坏文化遗产的行为都要受到法律制裁。而我国在文物保护方面的法律法规较欠缺，《中华人民共和国文物保护法》虽然颁布较早，但是并不能制约某些景区开发者破坏景区环境和氛围的行为。《中华人民共和国旅游法》的颁布也是千呼万唤始出来，从执行到完善需要一个长期的过程。应加快这方面法律制度的完善步伐，为文化旅游与城市经济协调发展寻求制度保障和法律保障。

从欧盟、美国、英国以及新加坡等国家的城市发展历程来看，在国家和政府层面，都比较注重文化旅游资源的保护，在保护的基础上发展。欧美城市在建设的过程中，并不推崇高楼大厦、厅堂林立等发展方式，反而，许多城市的发展都让位于文化遗产保护，所以在西欧的城市中会看到诸多为了文物保护而"绕道行之"的城市维护和建设工程。许多古城保存完好，城市的发展可以兼顾古城原貌的恢复和保护。事实上，对于经济较为发达的欧美国家来说，文化资源保护较好本身就成为一种吸引力，文化特色成为城市发展的方向。城市发展倡导的是适度发展，城市的布局和发展都以保护文化遗产为首要前提。

第二，完善全民参与和监督机制。先进城市的发展较注重城市规划的制定，且具有长效性，并不因城市管理者的改变而带来城市规划的朝令夕改，且管理者意志的决定性并不大，全民参与及监督机制使得城市的规划只能服从于城市发展的实际。有效、完善、长效的城市发展规划，使得城市文化资源保护能得到有效实现。不同社区代表和其他利益相关者的全面参与是维持政策具有长期效力的支持力量。社区和民众参与的研究和重视在西方历时已久，在我国近年来才开始被关注，民众对于城市治理的参与和监督可有效提升城市治理的效果，同时也是维护城市长期规划的有效推动力量。

第五章 文化产业与旅游经济
互动发展模式与对策

文化资源的开发利用能够促进旅游经济的发展，而旅游经济的发展不仅能够促进文化的保护和传承，还能够带动区域相关文化产业的发展，实现区域文化的繁荣，从而积淀区域优秀的文化资源。文化产业与旅游经济的协同发展主要包括三个层面：第一，如何更好地利用区域文化资源促进旅游经济发展；第二，如何通过旅游开发的方式促进区域文化资源的保护与传承；第三，如何通过文化产业与旅游产业的融合与互动，促进文化产业与旅游产业的共同发展。基于以上三个层面，本章从文化产业与旅游经济互动发展的模式与对策两个方面进行研究，为文化产业与旅游经济协同发展提供参考。

一、文化产业与旅游经济互动发展模式

（一）文化旅游产品开发模式

直到 20 世纪 70 年代后期文化旅游才开始被看作是一个特殊的旅游产品种类，文化旅游的发展为文化和旅游各自的发展搭建了桥梁。文化旅游产品的开发不仅能够取得较好的经济效益，还是促进区域文化保护和传承的有效方式，是实现区域文化与旅游经济协同发展的重要途径之一。随着旅游者文化需求的不断提高，各地区不断掀起文化旅游产品开发的热潮，但是有些地区对文化旅游产品内涵认识不清，开发理念滞后，存在重开发、轻保护，重经济、轻文化等问题，旅游产品文化品位不高，难以满足旅游者的需求。有些地区对文化资源进行过度开发，甚至出现文化资源遭到严

重破坏的现象。因此，如何在文化资源有效保护的基础上，运用科学的模式和方法开发文化旅游产品并取得好的经济效益，实现文化产业与旅游经济的协同发展，是区域文化旅游产品开发研究的重要课题。

1. 文化旅游产品的特征与类别

文化旅游产品是应文化旅游的需求而产生的旅游产品。从不同的角度来看，文化旅游产品有着不同的概念。从旅游者的角度看，文化旅游产品是指旅游者支付一定的时间、精力和经济等相关成本所获得的旅游经历和文化体验。从产品供应方看，文化旅游产品是指旅游地凭借一定的文化资源、旅游服务设施和媒体向旅游者提供的、以满足旅游者需求的服务或服务和实物的总和。从整体上看，文化旅游产品是凡能满足旅游者在旅游过程中的各种旅游诉求和文化体验需要的物质载体和非物质形式的劳务的总和。从总体来说，文化旅游产品是一种旅游产品，文化资源是文化旅游产品开发的基础，满足旅游者的文化需求是文化旅游产品的主要功能。

与其他旅游产品相比，文化性是文化旅游产品的突出特性。根据旅游者的文化需求层次，文化旅游产品大致可以分为文化载体、文化内容、文化精神三个层次。文化载体是文化旅游产品的物质层面，是文化旅游产品借以表现其文化内涵的物质形式，如对佛教文化的呈现可以采用油画、寺庙建筑、石刻浮雕等；对革命精神的呈现可以采用参观博物馆、举办纪念活动等形式。文化内容是文化旅游通过不同的文化载体所承载的文化主题，或者称其为文化故事，如无锡灵山胜境的文化内容就是关于佛教的经典或传说，中山陵则讲述了孙中山及近代革命的故事。文化精神是文化旅游产品通过文化载体对内容的演绎所希望表达的精神境界或价值观念，是文化旅游产品的核心灵魂所在。如红色旅游景区通过历史遗迹对革命历史的再现，进而向人们传递了爱国、献身等革命精神；佛教文化旅游景区通过寺庙建筑及其他艺术形式展现刻苦修行、扶危济困等教化世人的精神、教义等。文化载体、文化内容、文化精神三者之间的关系如图5-1所示。

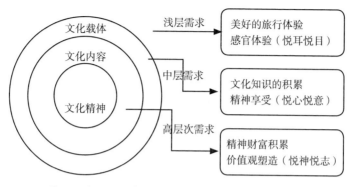

图5-1　文化旅游产品文化层次及其对应的需求体验

根据文化旅游产品的消费对象，可以将文化旅游产品分为文物古迹类、民俗节庆类、现代都市类、特色村镇类、主题公园类、文化演艺类、宗教文化类、购物旅游类、红色旅游类、特色美食类、科教文化类等类型（如表5-1）。值得注意的是，随着传统旅游产品的发展和新兴旅游产品的不断涌现，文化旅游产品的种类也在不断增多，一些交叉型和过渡型的文化旅游产品很难将其准确归类到相关类型中去，因此本书对文化旅游产品的分类也有待于进一步完善。

表5-1　文化旅游产品体系

产品类型	产品内容	产品实例
文物古迹类	各类文物古迹旅游产品	明孝陵、苏州园林
民俗节庆类	乡土民俗、文化节庆旅游产品	溱潼会船节、云龙山庙会
现代都市类	现代建筑、城市风光旅游产品	长江大桥、金陵饭店、东方明珠
特色村镇类	传统村镇、现代村镇旅游产品	周庄、同里、华西村
主题公园类	主题公园旅游产品	中华恐龙园、苏州乐园
文化演艺类	表演艺术、书画、手工艺品旅游产品	昆曲、苏州评弹、烟雨春秋
宗教文化类	寺庙、道观旅游产品	栖霞寺、大明寺、灵山
购物旅游类	大型批发市场、购物街区旅游产品	南大街购物步行街、常熟服装城
红色旅游类	纪念馆、烈士陵园旅游产品	新四军纪念馆
特色美食类	美食街、特色餐馆旅游产品	富春茶社、双桂坊美食街
科教文化类	大学、科技园旅游产品	南京大学、南京科技馆

2. 文化旅游产品开发原则

（1）保护性开发原则

文化资源尤其是历史文化资源具有唯一性和不可再生性，因此在旅游产品开发过程中要注重文化资源的保护。在资源有效保护的前提下，寻找开发与保护两者之间的平衡点，利用科学的开发方式更好地促进文化资源保护。文化资源及周边的自然、人文生态环境是文化资源产生和发展的物质基础，因此在文化旅游产品开发过程中不仅要注重文化资源自身的保护，还要对资源周边的人文生态环境进行保护，保持文化资源的原真性和完整性。文化资源保护和旅游产品开发是相辅相成的，文化资源只有在得到有效保护的前提下，才能够永续利用，从而促进文化旅游的可持续发展。

（2）市场导向原则

文化旅游产品的开发要以市场需求为导向，进行充分的市场调研，根据旅游者的文化需求特征，结合文化资源自身优势，以市场为导向，针对不同市场群体，推出多层次、多样化的个性产品，最大程度地满足旅游者需求。从某种意义上来说，文化资源的文化价值优势并不一定代表其旅游市场优势，因此在文化旅游产品开发过程中，应根据旅游市场需求，对文化资源进行重新解构，通过有效的开发方式，提升文化资源的市场吸引力。

（3）主题特色原则

随着旅游产业的不断发展，旅游者需求不断提升，旅游市场竞争日趋激烈，文化特色和文化内涵越来越成为旅游产品实现可持续发展的重要因素。因此，在文化旅游产品开发过程中，只有深入挖掘地域文化内涵，突出产品的文化优势，并将文化主题渗入旅游管理和服务中，打造具有鲜明文化特色的文化旅游产品，提升旅游产品的文化品位，树立文化品牌，才能够在旅游市场竞争中取得有利的位置，从而增强产品的可持续发展能力。

（4）参与体验原则

传统的文化观光旅游产品已经越来越不能满足旅游者的体验需求，在文化旅游产品开发过程中，应更多地进行参与体验项目的设计，借助多种方式和途径，全方位地展示旅游产品的文化内涵。一些历史文化景区的旅游活动，应突破传统的导游讲解、游客游览、文物观赏线串点、"走马观花"式的模式，借助于声、光、电、影等现代科技手段，充分调动游客的各种感官，借助于舞台表演、娱乐活动的设计，让文化生动化、趣味化，让游客在参与中领略旅游产品独特的文化内涵。

3. 文化旅游产品开发的主要模式

由于各地区文化资源丰富程度不一，资源类型迥异，资源所处的社会环境各不相同,因此文化旅游产品的开发模式也呈现出多样化的特征。近年来,国内外学者对文化旅游产品开发模式展开了一系列研究。从已有研究来看,现有文化旅游产品开发模式大多以追求最大经济效益为最终目标,而忽视了产品开发过程中文化的保护、传承和发展,本书基于区域文化与旅游经济协同发展的视角,提出文化旅游产品的保护性开发模式、原生创意式开发模式和资源引入式开发模式,通过文化旅游产品的开发,实现区域文化与旅游经济的协同发展。

(1)以文化保护为核心的保护性开发模式

保护性开发模式将文化资源保护作为文化旅游产品开发的主要目的之一,对现有文化资源进行较浅层次或辅助性的加工,将其开发成旅游产品。保护性开发模式强调资源的原生状态,注重对文化资源的原真性和完整性保护,通常采取博物馆、展览馆式的静态展示方式,依靠资源自身的文化吸引力吸引旅游者。保护性开发模式一般适用于级别较高、影响力较大的静态文化资源,世界文化遗产资源大多采用这种开发模式。如西安兵马俑博物馆被列为世界文化遗产,其旅游开发的方式就是将文物直接在原地保留,既便于保护,又利于文物展示。在二号大厅和三号大厅发掘过程中,游客可以一边欣赏文物,一边观看挖掘的过程。基于保护性开发模式的产品大多为文化观光类旅游产品。

我国历史悠久,文化遗存较多,其中众多的古建筑、古遗址、古墓葬等资源文化价值较高,且都是不可再生资源,因此在文化旅游产品开发过程中,强调对文化资源的保护具有重要的意义。文化旅游产品的保护性开发模式将文化资源的有效保护作为产品开发的前提,并将文化保护贯穿于产品开发、运营的全过程。在产品开发前期,应注重对文化资源保护的现状评价,制定文化保护方案,对文化资源进行修复;在产品开发过程中,应适当限制旅游设施的过多建设,以利于文化资源的原真性保护,规范旅游设施的建筑风格和空间布局,以利于文化氛围的营造;在产品运营过程中,应对旅游者数量进行管理和调控,传递文化保护理念,尽量减少旅游活动对文化资源的破坏,同时将旅游开发取得的经济收益部分用于文化资源的保护和修复。

（2）以产品创意为核心的本地创意开发模式

本地创意式开发模式是根据市场需求对区域内文化资源创新开发利用的一种开发模式，又可以称之为"借题发挥"式。与保护性开发模式不同的是，本地创意式开发模式主要强调通过创意的激活，在原有的文化资源赋存状态下加以发掘、整理、筛选和升华，对文化资源进行深度开发，用生动活泼的产品表现形式表达和传递资源背后的厚重文化。基于本地创意开发的文化旅游产品往往参与体验性较强，能够较好地迎合旅游市场需求。本地创意式开发模式主要适用于文化品位较高，但资源本身形式单一、文化内涵较难理解、旅游功能性较差的文化资源。如常州淹城遗址是我国目前保存最古老、最完整的地面城池，文化价值较高，但可供旅游开发利用的实物资源较少，旅游功能不强。当地政府通过对遗址所蕴含的春秋文化进行深入挖掘，对遗址文化功能进行延伸，将春秋文化融入现代游乐产品，开发春秋主题游乐公园，取得了较好的市场效果。此外，著名的"印象"系列演艺产品也属于这一类型的开发模式。

创意是本地创意开发模式的核心和灵魂所在，是文化资源价值拓展和挖掘的重要手段，旅游开发者的新思维、新理念往往对文化资源功能和价值的衍生和拓展起着关键性作用。区域文化内涵是创意的基础，对地域文化内涵的深入挖掘和市场需求的充分论证是本地创意开发模式的关键步骤。我国历史文化底蕴深厚，各地区留存有较多可供开发的文化资源，因此对区域文化的挖掘和梳理成为文化旅游产品开发的重要基础。市场是文化旅游产品开发的导向，在文化资源创意开发过程中，应根据旅游者的消费需求特征，增强文化旅游产品的文化性、趣味性和可参与体验性，以迎合现代旅游市场的需求。

现有文化旅游产品主要有场景再现、主题演艺、主题乐园、旅游节庆等创意开发方式。场景再现是将原本已失传的传统文化，按照历史记载，挖掘题材，恢复历史面貌，如杭州宋城、吴文化公园等都属于本地创意的场景再现模式。主题演艺是将区域内特色文化资源进行整合，通过舞台表演的方式设计包装成内涵丰富，极具感染力、冲击力和震撼力的文化艺术项目，如著名的"印象"系列主题演艺。主题乐园是将区域文化故事融入游乐项目的开发设计之中，让游客在体验游乐项目欢乐、惊险、刺激的同时感受区域文化故事和文化内涵,实现区域文化的参与体验性设计和表达,常州春秋乐园即是这种开发模式。旅游节庆开发方式即通过举办节庆集会的方式开发文化旅游产品,往往能够取得较好的形象推广效果。

本地创意开发模式以区域内现有文化资源为基础,通过创意的方式开发适应市场需求的文化旅游产品,既能够展现区域丰富的文化内涵,又能够以生动活泼的形式吸引旅游消费市场,是区域文化旅游产业开发的重要方式,也是文化旅游产品开发的主流趋势。例如,皖南地区推出较多的旅游演出项目,包括国家级文化旅游演出重点项目《徽韵》和省级重点旅游演艺项目《宏村·阿菊》等,注重提高游客参与性。以安徽省为例,对于省域内传统文化历史故事,进行情景再现,开发旅游演出项目,吸引游客观看与参与其中;利用省域内不同地区的民俗风情,包括传统生产活动、居住、饮食、服饰、节庆、礼节等风俗习惯,省域内不同地区针对特色传统文化旅游资源,开展如中国(淮南)豆腐文化节、中国(安庆)黄梅戏艺术节、中国(铜陵)青铜文化博览会等节庆活动,展示安徽省独特的地方风情,将静态的传统文化旅游资源转化成可参与、易理解、重体验动态的地区风情旅游项目,加深旅游者对安徽省传统文化旅游活动的体验,促进安徽省传统文化旅游的发展。

(3)以产品创新为核心的资源引入开发模式

资源引入开发模式是指根据市场需求,创新开发与区域文化无关的文化旅游产品,又可以称之为"无中生有"式。资源引入开发模式与前两种模式最大的不同在于产品开发没有地域文化资源基础,而是直接根据市场需求,创造性地引入文化资源进行文化旅游产品开发。资源引入式开发模式适用于文化资源基础较为薄弱,但是市场条件较好的地区,如深圳、无锡的主题公园大多属于此种类型,常州中华恐龙园也属于此种开发模式。常州没有出土过恐龙化石,也没有与恐龙相关的传说,但通过创造性开发,建立了恐龙博物馆,根据市场需求不断添加和调整恐龙文化主题游乐产品。恐龙园不仅取得了较好的经济效益,也让恐龙文化根植于这个城市,成为城市新的名片。

资源引入开发模式中市场需求是旅游产品开发的前提和基础,区域周边必须具备足够的市场规模和消费能力支撑旅游产品的生存和发展。文化主题选择是资源引入式开发的核心要素，因此产品开发过程中要进行深入的市场调研，寻求市场接受度较高的文化主题，具有较高知名度的动漫、影视、文学、游戏、网络文化资源是资源引入式开发模式文化主题选择的主要对象。文化主题为外来文化，通过引导景区文化与区域文化的融合，能够有效促进区域旅游文化的积淀。

上述几种文化旅游产品开发模式对区域文化旅游产品的开发具有重要的理论指导意义和实践应用价值，在实际开发过程中，各地区应综合考虑区域内文化资源赋存状况、社会经济基础条件、区位与客源市场以及政府对旅游产业的支持力度与管理水平等，综合运用文化旅游产品的开发模式，从而达到资源整合、优势互补的目的，共同推动整个地区文化旅游的发展。

以江苏省为例：区域内各地市文化、经济环境存在较大的差异性，因此各地市应根据自身文化优势和经济发展状况选择合适的旅游开发模式，如南京、苏州、无锡和扬州等区域文化资源丰裕度较高，文化资源丰富，可采取保护性开发和本地创意开发相结合的方式，在注重区域内文化资源保护的同时，挖掘地域文化内涵，创新文化旅游产品；徐州、常州、镇江、连云港、南通等区域文化丰裕度相对较高，但高级别的文化资源相对较少，应更多地使用本地创意的开发方式，对区域文化进行挖掘和包装，增强文化旅游产品的市场吸引力和产品竞争力，其中常州、镇江等区域条件较好，经济较为发达，可考虑通过资源引入的方式开发市场吸引力较强的文化旅游产品；淮安、泰州、宿迁、盐城等区域文化丰裕度较低，可供旅游开发的文化资源相对较少，应对区域文化资源进行重点筛选，选择市场潜力相对较大的文化资源进行创意开发，集中优势全力打造文化旅游精品。

（二）文化、旅游产业融合发展模式

1. 渗透式融合模式

渗透式融合模式是指通过产业元素渗透的方式实现文化产业与旅游产业的融合与互动。旅游产业和文化产业采用特定的表现手法、制作手段以及虚拟现实技术，将文化产业元素渗透到传统旅游产品中，或者将旅游元素渗透到传统文化产品开发中去，从而使原属于本产业边界内的产业价值链活动互相渗透到对方的产业领域内，形成"你中有我、我中有你"的产

业融合状态。从产业融合的结果来看，渗透式产业融合并没有改变原有的产业内核和性质，而是通过产业渗透的方式提升了原有产业的竞争力。根据产业渗透的方向，产业渗透融合模式可以分为文化产业元素向旅游产业渗透和旅游产业元素向文化产业渗透两种模式。

文化产业元素向旅游产业渗透是旅游产业在发展过程中根据市场需要，通过融入文化元素提升旅游产业竞争力的过程。文化产业元素向旅游产业渗透融合的主体是旅游企业，在产品表现形式上，往往表现为具有较高文化内涵的旅游景观、旅游商品、旅游娱乐产品、主题酒店等。在这一过程中，旅游产业竞争力由于文化元素的融入而得到提升，文化也因为旅游发展而得以传播和发展。在文化产业元素向旅游产业渗透过程中，旅游企业应深入挖掘地域文化内涵，根据市场需求将文化元素充分融入旅游产品的开发过程中，提升旅游产品的文化品位和市场竞争力。

旅游产业元素向文化产业渗透是指在文化产业发展过程中利用旅游产品的品牌优势将旅游元素融入文化产品的创作生产中去，从而提升文化产业竞争力的过程。旅游产业元素向文化产业渗透的运作主体是文化产业，在产品表现形式上往往表现为以旅游景区为创作题材的动漫影视作品、艺术工艺品、书刊、电子出版物等。在这一过程中，文化产品借助于旅游元素的品牌效应而取得更好的市场效果，旅游产品也借助于文化产品的传播渠道而得到更广泛的传播，提高了产品的知名度和影响力。在旅游产业向文化产业渗透过程中，文化产业应充分利用旅游产品的品牌优势，依托其品牌影响力拓展市场。旅游产业也应和文化产业主动对接，利用文化产品的传播渠道提升产品的知名度。

2. 延伸式融合模式

延伸式融合是指文化产业中自身具有旅游吸引力的产业部门通过向旅游功能延伸，面向旅游市场而产生旅游经济效益的产业融合形式，产业延伸后的文化产业同时兼具文化功能和旅游功能。延伸式融合模式的运作主体是文化产业，有时与旅游企业联合运作。兼具文化功能和旅游功能的博物馆、美术馆、纪念馆、寺庙等是延伸式融合模式的主要产品形式，原始功能是文化功能，通过面向旅游市场，产生良好经济效益，从而更好地服务其原始文化功能。文化旅游节庆和会展业也属于文化产业与旅游产业延伸式融合模式，旅游节庆活动以文化资源或文化产品为依托，以节庆展会为平台，依托旅行社等进行旅游活动组织，整合和重组两大产业资源，以各种互动式的文化体验旅游活动或项目为融合产品的表现形式，吸引大量游客，实现其文化功能。文化旅游节庆和会展既可提升举办地的旅游形象，吸引游客，带动当地旅游产品的消费，又可以有效地销售、传播文化产品，从而推动两大产业的联合发展。

3. 拓展式融合模式

拓展式融合模式是通过产业拓展的方式来实现两大产业融合，包括文化产业向传统旅游产业拓展和旅游产业向传统文化产业拓展两种路径模式。拓展式融合是文化产业和旅游产业融合的高级模式，融合主体产业应具备较强的产业基础。

文化产业向旅游产业拓展是指文化企业凭借自身产业优势及吸引力，通过新建文化主题公园来开发旅游产品，发展旅游经济。文化产业向旅游产业拓展的运作主体一般是文化企业，有时也借助于与旅游企业的合作联合开发运营。迪斯尼公司是这一模式的创立者和成功典范，利用拍摄动画影片而形成米老鼠、唐老鸭等品牌效应，通过技术渗透，将动画片常用的色彩、光、魔幻等表现手法与游乐园的功能相结合，借助乐园式的地域空间载体将虚拟的动漫世界予以真实的再现，从而开创了动漫主题公园。文化产业向旅游产业拓展适用于企业文化产品已经形成良好的品牌效应，拥有稳定的目标市场群体，其文化主题受到广泛欢迎，因此向旅游产业拓展时具备了较好的市场基础。在产业拓展过程中，要将先进的科技融入旅游产品中，增强产品的参与体验性和趣味性，通过场景再现等方式增强旅游者的融入感，简单的场景陈列已经不能满足旅游者需求。

旅游产业向文化产业拓展是指旅游产业凭借自身的品牌优势，开发与自身文化主题相关的文化产品，并参与到文化产业竞争中去的产业融合形式。旅游产业向文化产业拓展的运作主体是旅游企业，所开发的产品主体功能是文化消费功能，面向文化消费市场。中华恐龙园借助于自身恐龙文化主题投资开发的《恐龙宝贝》系列动画产品是旅游产业向文化产业拓展的典型代表。在旅游产业向文化产业拓展的过程中，旅游企业应深入市场调研，选择恰当的文化产品形式，在注重产品文化功能的同时，还要注意提升旅游品牌的传播效应。

（三）文化、旅游产业空间整合模式

1. 文化、旅游产业空间整合概述

空间整合是基于发展的需要，通过对构成系统要素内在关联性以及系统与环境相关性的挖掘，利用各种功能的相互作用机制，积极地改变或调整系统构成要素之间以及系统与环境之间的关系，以克服系统在发展过程中构成要素分离以及系统与环境之间不协调的倾向，实现新的综合，寻求新的秩序的过程。区域文化与旅游经济协同发展要求文化产业和旅游产业之间在空间上建立某种有机联系，通过文化要素和旅游要素在空间上的有效配置，实现文化产业与旅游产业市场共享、功能互补和共同发展。文化、旅游的空间整合往往表现为文化产业要素和旅游产业要素在空间上的有效集聚和配置。

2. 文化、旅游产业空间整合的主要模式

（1）核心景区文化产业模式

该模式是以核心景区的旅游产业发展为主导，以景区文化主题为纽带，通过旅游景区优质的品牌和市场效应拓展和整合相关文化产业，并在空间上进行有效的配置，促进旅游产业与文化产业的融合互动与共同发展。该模式中的文化产业部门一般以旅游景区为核心，围绕景区主题文化进行生产创作，开发景区主题文化的衍生品。在产品销售方面，一方面利用景区内的游客市场进行销售，另一方面则利用景区文化品牌和知名度进行景区外市场的销售推广。

在产业结构上，核心景区文化产业模式表现为以旅游产业为核心产业，以相关文化产业为衍生产业的产业圈层结构（如图5-2）。在空间布局上，产业要素的空间配置往往表现为同心圆结构和双核结构模式（如图5-3）。同心圆结构的核心为旅游景区，景区外围为旅游服务配套产业和文化产业的集中混合分布（如图5-4），同心圆结构一般形成于相关文化产业为了共享核心景区的品牌效应和市场效应，自发选择在景区周边布局，从而形成景区外围的文化产业集聚。双核结构模式则表现为文化产业在景区周边的某一特定区域内集中布局的空间形态，双核结构模式的形成往往由政府

规划和指引。

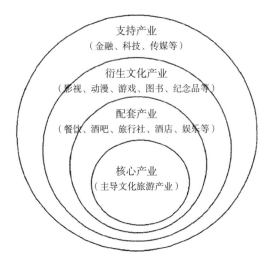

图5-2 核心景区文化产业模式结构图

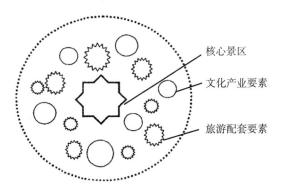

图5-3 核心景区文化产业模式的同心圆结构布局

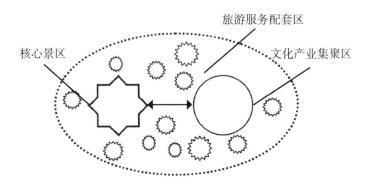

图5-4　核心景区文化产业模式的双核结构布局

核心景区文化产业模式中核心景区一般为文化遗产景区和主题公园。如江苏周庄文化创意产业园区为以文化遗产景区为核心的文化、旅游空间整合模式，依托"中国第一水乡品牌"，通过画家村等文化产业的空间配置与整合，现已发展为集文化旅游、旅游商品研发、艺术品交易、文化演艺、节庆会展为一体的文化旅游产业集聚区。常州中华恐龙园则是以主题公园为核心的核心景区文化产业模式，随着恐龙文化品牌效应逐渐形成，恐龙园以恐龙主题动画片的拍摄为起点，以旅游"嫁接"动漫，与周边文化创意企业合作设立"恐龙创意产业联盟"，实现了产业链的拓展和延伸。迪诺水镇整合中华恐龙园旅游、创意资源，以创意的手法将独特的恐龙人文景观及艺术融入街区每个角落。通过走"旅游创意"的发展道路，以恐龙园为核心的常州文化创意产业基地逐渐形成。

（2）文化园（街）区旅游配套模式

该模式以文化创意产业为主导，以文化创意产品和文化氛围为旅游吸引物，通过旅游配套设施的有效空间配置，实现旅游产业和文化产业的有效空间整合。在产业结构上，文化园（街）区旅游配套模式表现为以文化产业为核心产业，以旅游产业为配套产业的产业圈层结构（如图5-5）。在空间布局上，旅游产业要素和文化产业要素表现为相互混合布局的空间形态（如图5-6）。

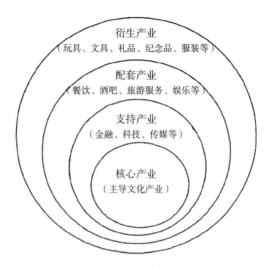

图5-5 文化园（街）区旅游配套模式产业圈层结构图

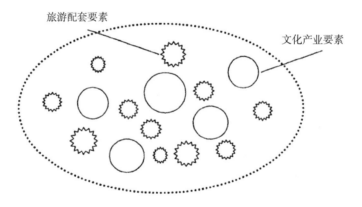

图5-6 文化园（街）区旅游配套模式混合式空间布局

现有文化园(街)区旅游配套模式大致有艺术园区和时尚街区两种类型。艺术园区是指艺术家和商业文化机构成规模地租用和改造因历史原因留存下来的城市工业空置厂房，使其发展成为画廊、艺术家工作室、设计公司等集聚的区域。艺术园区内所形成的具有国际化色彩的艺术方式和生活方式是城市旅游的新兴吸引物，因此通过园区内旅游要素的配置、旅游服务功能的完善，能够有效地促进文化产业和旅游产业的协同发展。北京798艺术区是这一类型模式的成功典范。现代时尚街区是文化园（街）区旅游配套模式的重要类型，是在旧城改造过程中，把作为文化传承的老建筑、老街保留下来，并将现代时尚都市的餐饮、酒吧、购物等文化和旅游元素融入其中，从而使整个街区既保留历史文化氛围，又具备现代时尚功能，成为吸引游客的新亮点，实现文化、旅游的共同发展。上海新天地是这一模式的典范。

近年来，我国文化产业和旅游产业不断发展，先后形成了一批成熟的文化旅游景区和文化园街区。这些景区和园街区是进行文化、旅游空间整合的重要基础，应根据上述经验和模式对其文化产业要素和旅游产业要素进行有效配置，扩展旅游景区的文化产业功能，完善文化园区的旅游功能，从而促进文化、旅游的协同发展。政府及相关产业部门应加强培育和引导，通过政策、资金、土地支持等方式促进文化、旅游的有效空间整合。

二、文化产业与旅游经济互动发展对策

（一）加大文旅融合的力度

1. 保证文旅融合理念内在化、"血液"化

理论是实践的指导，没有建立深度融合的指导目标就不能实现现实的深度融合。目前，相当一部分人还是把文化与旅游分割开来，各个职能部门之间协调性不够，服务人民的理念薄弱。要解决以上问题，需做到以下几点。第一，加强融合理论知识学习，实现有机融合。就现阶段而言，虽然绝大部分人都知道文旅融合政策，但对具体理论知识知道得少之又少。要做到从领导干部集体到各个经营企业都认真学习文旅融合理论，且运用于生活，连接各个工作点，实现全面的深度融合，增进优势互补。第二，树立共同目标，加强协调发展。文化和旅游虽相互促进、相互交融，但毕竟曾属于不同部门管辖，因此在协调方面欠佳。协调旨在调节，文化与旅游共为一体，实现整体的目标是首要任务，因而在处理文化与旅游协调关系中，要保证在大局目标的前提下既保护好文化资源，又增进旅游业的发展，以此实现两者融合、协调发展。第三，坚持以人民为首，为人民服务。文旅融合的最终目标是满足人民日益增长的精神文明和休闲娱乐的需要。从文化角度而言，任何地区的人文资源都源于人民，其保护和传承都需要站在人民的立场去思考。从旅游角度来说，旅游景区、历史人文古镇等旅

游景点的建立都需要符合当地居民的切身利益，当然，旅游景点的发展和开发也需要当地居民的支持和建设，因此，在强调顾客满意度时，也要保证居民满意度。

2. 构建完整的文旅融合体系

为促使文化产业与旅游经济的融合，需要为其建立和谐、积极的文化环境。为适应社会当前发展的趋势，我国旅游行业需要不断提升其社会影响力，这一影响包括对国内经济文化的影响以及对国际经济文化的影响。文化产业作为我国支柱性产业，其发展对于我国社会主义建设产生了根本性的作用，这一产业的发展也是一项潜力巨大的工作。由此可见，在旅游行业的发展过程中文化产业也能为其提供必要的客观条件，文化产业的发展能弥补旅游产业在发展过程中精神力量不足的缺陷。采用文旅融合模式，就需要在工作开展之前为其营造完善的文化氛围，利用丰富的历史文化对旅游行业进行烘托，建立完善的文旅融合体系，为这一工作的开展奠定基础，促使文化产业与旅游产业的可持续发展，从而达到促使我国经济建设可持续发展的目的。例如：天目湖景区是华东地区较早提出"一站式"旅游模式的景区，并将"一站式旅游休闲模式的实践者"作为企业目标，依托当地的自然资源和历史人文底蕴，致力将景区打造成汇集自然观光、休闲养生、会议商务等众多功能的一站式旅游目的地。天目湖一站式旅游休闲模式迎合了国内度假经济的发展趋势，在观光型向度假型转变的浪潮中，独树一帜的发展模式为企业可持续发展赢得了先机，也获得了资本市场的青睐。天目湖景区以满足游客需求为目标，将古镇、山水、度假、游乐等不同产品相融合。该产业在季节方面、产品方面、服务体系建设方面都有其优势，无论是在硬件方面还是在软件方面，都具有其优势，能最大程度地满足消费者的需求，以游客"让渡价值"最大化为核心建立的游客满意度体系，保障了整体旅游的舒适度与满意度。这个一站式休闲度假综合体充分把握了我国全面进入休闲时代后的市场机遇，并采取了较为有效的、彻底的市场化运作手段，在财务、法务、企业治理等方面较为规范。其实质还是休闲文化与旅游景区的融合。天目湖旅游股份的成功上市，迎合了国内旅游景区由传统观光型转向高品质休闲度假模式的趋势，"一站式"旅游模式为传统景区的转型升级树立了标杆，对旅游企业的转型升级具有广泛的借鉴意义。

3. 紧跟时代潮流

随着经济社会的不断发展，信息化技术也得到了一定程度的提升。网络信息技术的发展对于旅游行业的影响是巨大的。出版行业是文化产业的重要组成部分，为让其适应社会发展趋势，紧跟时代发展潮流，应该加快数字化出版行业的发展效率，将网络、多媒体、游戏等融入网络出版工作之中，促使这一工作进行转型与升级，促进文化行业线上与线下的融合。在文旅融合的背景下应该利用线上文学与线下文学之间的关系促进文化与旅游的和谐发展，将文化旅游行业作为促进当地经济增长的根本方式。例如：开心麻花娱乐文化传媒股份有限公司（以下简称"开心麻花"）利用戏剧的形式使之为更多人民群众所熟知；开心麻花剧院的建立承载了实体剧场的作用，能满足人民群众对于深层次文化的需求。以上的文化创新方式是将创新剧场移入商业模式，在剧场中进行演艺、培训等工作，这一团体通过互联网以及多媒体等进行文化的传播，涉及的领域有脱口秀、戏剧培训等，同时兼顾了剧目创作以及商业演出。该项工作的开展实际上是将文化产业与旅游经济相结合的作用，充分发挥文化产业的经济效用，通过提升品牌效应，促使电影行业与舞台剧的发展。以上方式促使开心麻花更有底气地启动戏剧生态链上最重要和关键的一环——剧场院线的全国拓展，以及商业模式的快速复制。目前，单从戏剧产品来看，开心麻花每年都会原创新的喜剧、儿童剧、音乐剧作品，同时还不定期与第三方合作，引进新剧目。通过欢乐演艺＋综合效益＋粉丝经济＋00 后市场的方式促使该产业的长效发展。

4. 发挥文化创新思维

文化创意对于社会发展来说意义是重大的，不仅能促进当地经济的发展，还能在一定程度上对就业率的提升提供保障，同时还能有效地改善当地旅游文化环境，为旅游业的开展塑造具有地方特色的文化形象。特色环境的塑造还能促使当地特色文化迅速发展，为旅游行业的发展营造良好的文化氛围，将文化融入景区之中能够丰富景区的意境。传统文化资源与旅游资源相结合能够让景区的特色文化得以凸显，同时这一方式还能促进文化资源的合理配置，减少资源的浪费，实现提升旅游行业经济效益的作用。

因此，应该从多角度对游客的需求进行深入了解，打造适合旅游者发展的旅游专线。除此之外，在利用文化推进旅游行业发展的过程中还需要注重文化的特色性。如通过建立特色的文化主题公园，将当地著名的人物与历史事迹通过建立纪念馆的方式进行传播，以上方式对于弘扬我国优秀传统文化有积极的意义。利用文化创意建设的方式能够有效地对旅游行业进行深入探索，挖掘其潜在能力，将其与文化资源进行结合，将无形的文化资源与有形的旅游资源进行结合的过程是提升旅游者旅游体验的过程，能使得旅游者在文化的氛围中感受到旅游的乐趣，也能在轻松愉快的环境中学习到更多优秀传统文化。例如：桂林地区开发了"两江四湖"夜游项目。该项目的开发是旅游经济与文化产业融合的体现，也是发挥文化创新思想的重要体现。该项目在游客的游览体验上下足了功夫。全国那么多夜游景区，为什么"两江四湖"景区的夜游能为大多数游客所津津乐道？是因为在夜游"两江四湖"的过程中，不仅可以欣赏到自然景观与现代灯光，而且可以看到独具特色的风俗表演，让游客不虚此行、流连忘返。该项目共投资 2 亿元资金，包括游船等工作，全年共能接待游客百万次，是当地文化产业与旅游经济发展的体现。该项目集传统景区、科技光影与分散式沿线情景演艺于一体，是对传统文化的创新，将当地的传统风俗表演与现代化的光影技术相结合，为游客展示当地的传统文化，既起到了提升我国人民群众文化底蕴的作用，又起到了为当地旅游事业的发展吸引更多人才的作用。

（二）促进区域文化与旅游经济协同发展

1. 深入挖掘地域文化内涵，加大文化资源开发力度

我国历史悠久，区域文化资源丰富，但是许多城市为旅游发展滞后型城市，旅游经济发展指数落后于区域文化资源丰裕度指数，大部分地区文化资源尚未得到有效的开发利用，没有形成区域文化资源的旅游经济效应。因此，加大文化资源的开发力度，是这些地区实现区域文化与旅游经济协同发展的首要任务。对于南京、西安、黄山等旅游优先型城市来说，通过挖掘文化内涵，进行旅游产品的文化渗透，提升文化旅游产品品位，是保持当前文化旅游产品持续吸引力的主要途径；对于自然资源主导的旅游优先型城市，应通过生态旅游的发展带动当地文化资源的开发，通过自然、

文化的有效组合，增强区域旅游吸引力，提升区域旅游竞争力。

深入挖掘地域文化内涵是各地区域文化旅游产品开发的重要环节，是文化旅游产品差异化竞争的重要手段，也是文化旅游产品核心竞争力的源泉。我国许多省市历史悠久，各地区在历史演进中形成了各具特色的文化类型，为旅游产品的文化挖掘提供了基础。地域文化的挖掘是在分析地方文脉的基础上确定文化旅游产品的开发方向和主题格调，明确定位并围绕主题进行内容组织，进而通过产品形式加以体现，并不断丰富文化内涵，进行创造性的升级改造。其本质在于对文化资源进行概括、发掘、升华后，通过物化、创新，实现更深层次的整合，将文化内涵渗透、表现在旅游产品的各个层面，形成特色品牌，强化旅游吸引力和市场竞争力。我国民族众多，文化多元，且特色鲜明，各地区在旅游产品开发过程中应充分立足于自身的文化优势，创新文化表现形式，将文化渗透到旅游产品的各个环节当中。如徐州两汉文化鲜明，汉文化的挖掘不应仅停留在汉墓的展示，而应深入挖掘两汉时期的历史文化、民俗文化、建筑文化、名人文化、军事文化等，借助于高科技的场景重现、舞台演艺等方式进行文化的多样化展示，通过设计文化形象、举办汉文化节庆活动，引导旅游者从不同侧面认知旅游产品的文化内涵。

2. 保护旅游资源，坚持品牌发展的可持续性

旅游资源的保护是景区品牌得以可持续发展的前提。而如何使旅游资源得到保护，则是实现景区品牌可持续发展的关键。保护旅游资源，使景区品牌得到可持续发展，需要处理好如下两个方面的问题。第一，处理好保护旅游资源与开发利用之间的关系，不以破坏旅游文化资源和生态环境为代价。第二，在特殊文化资源的经营管理模式上，应该协调好旅游景区、文化遗产管理部门、旅游管理部门、当地政府等相关利益者之间的关系，创新公私之间的合作模式。

（1）保护景区旅游资源的原则

旅游景区是凭借其独特的资源优势和创意而发展起来的，人文资源是其优势。此类依靠人文资源的旅游景区品牌需要重视保护和可持续性。旅游景区的开发首先是不能破坏当地的自然生态资源文资源，必须坚持可持续性的原则。人文旅游资源，尤其是文化遗产资源具有不可再生性，是稀

缺类资源，所以，在对文化遗产进行产业化经营的过程中要保护好遗产本体、依附于本体的文化意义与内涵以及周围的遗存生态环境，坚持"保护第一，合理利用"的原则，不能改变文化遗产的本质属性，促进遗产保护与开发利用之间的平衡和协调。

旅游景区旅游品牌的塑造必须注重对文化资源的保护与传承，这是人文旅游景区赖以发展的基础和源泉。文化旅游景区在旅游开发中要遵循文化资源保护的原则，防止对物质文化遗产的过度利用，严格限制景区的最大客流量。同时景区也要注意引导游客在游览的过程中做到文明旅游，尤其是在一些重点文物旅游景区。人文旅游景区的开发要注重可持续性，将旅游开发与资源保护相结合。

（2）协调文化遗产保护与利用的相关利益方关系

①文化遗产的保护与经营——政府和企业的二元模式

文化遗产不是不能产业化，但前提一定是保护，不能改变文化遗产作为遗产的属性，文化遗产首先需要得到保护，然后才能被视作产业开发的经济资源。由此可见，保护好文化遗产是根本，是前提。但在文旅融合这一背景下，若更好地展示文化遗产的特色，则需要对文化遗产进行产业化开发与经营，以促进对文化遗产的保护。因此，如何处理好文化遗产的保护和经营的关系，就成为一个不可回避的问题。进一步的问题是，把文化遗产作为一种产业、一种资产来进行经营，必然涉及如何处理诸多的利益相关方的问题。20世纪90年代末，我国关于文化遗产的经营管理论争在文化遗产管理部门、旅游管理部门和当地政府三种利益相关者之间进行，并逐渐形成"国家公园论"和"经营权转移论"两种主张。前者强调文化遗产的非经济价值，反对经营权转移，认为会导致遗产破坏，推崇美国的纯公益性的国家公园管理体制；而后者认为文化遗产是经济资源，可将经营权通过市场化方式转移或让渡给企业，甚至可上市。根据其经营主体的不同，目前我国文化遗产的经营管理模式大致可以归结为政府（包括其职能部门或派出机构）和企业的二元模式，其中以政府经营管理为主导。

第一，遗产所有权与经营权统一于政府部门。文化遗产是人类遗留下的共同文化资源和财产，是一种公共资源，每个人都拥有一份对文化遗产的所有权，每个人都可以从遗产保护和利用中受益。政府作为公共利益的守护者，是事实上的遗产资源的占有者和主要的监督者。在我国，大部分的文化遗产虽然是由国家所有，但各级地方政府掌握着文化遗产的实际所有权、管理权、经营权。

文化遗产的所有权与经营权集中统一于政府部门，是指政府部门既是文化遗产的所有者、监管者，又是文化遗产的经营者。政府部门身兼数职，全面负责遗产的保护与利用，这是一种典型的管理式经营体制。由省、市、县政府任命或指定委员会来管理和经营文化遗产，其运行经费来自政府权力，利润纳入政府的收入。例如，世界文化遗产"三孔"就是实行这种体制，由当地政府部门设立曲阜市文物管理委员会进行经营管理；世界自然与文化双遗产地泰山也是由政府派出行政管理机构——泰山风景名胜区管委会进行经营管理。

这种政府经营管理是目前中国比较普遍的模式，其优点在于：由职能部门文化遗产管理机构进行经营管理有利于保护遗产本体和传承遗产价值。但是，单纯的集中管理虽然保护得力，却也因为经营理念的保守造成对遗产经济价值挖掘不足，尤其是在文化产业发展背景下大众对文化遗产消费需求不断增长的情况下，由政府部门单独提供遗产服务并不能适应社会个性化、多样化的需求。管理和经营集中于政府职能部门或其派出机构还易造成诸多弊端，如遗产的多头管理、缺乏灵活性、效率低下、集运动员与裁判员于一身、缺乏有效监督等。所以，在学术界和实践中出现另外一种论调，即经营权的转移论。

第二，遗产所有权与经营权分离的企业经营模式。所有权与经营权的分离实质上就是将遗产经营权让渡给企业，实行私营化经营模式。在遗产经营权转移论中具有影响力的是王兴斌[①]提出的"四权分离与制衡"主张，也就是将遗产的经营权转移给企业，但所有权、管理监督权仍归属于政府或其遗产行政管理部门；庞爱卿等提出应该在文化遗产的开发管理上引入激励机制，使企业拥有遗址资源开发经营权。[②] 这里的企业包括由政府部门组建成立的国有控股企业，一般属于一套班子、两块牌子的经营管理体制，

①　王兴斌. 中国自然文化遗产管理模式的改革 [J]. 旅游学刊，2002（05）：15-21.

②　庞爱卿，覃锦云. 激励理论与自然文化遗产资源管理体制改革 [J]. 云南财贸学院学报（社会科学版），2003（05）：34-36.

如黄山、峨眉山的经营管理模式;另一种就是将经营权委托给私营企业进行经营,如西递、宏村、凤凰古城等。

企业逐渐介入遗产的经营是我国文化遗产经营管理中逐渐开始采用的一种模式。这种模式因为将企业资本、经营管理理念引入遗产领域而取得了巨大的经济效益,促进了文化遗产资源的有效开发和利用。所以,随着旅游的不断发展,遗产产权制度的变迁成为一种必然。政府作为国家所有权代表,行使遗产规制权,遗产经营权交由市场是目前我国遗产开发保护可持续发展的产权制度安排。

但是,将经营权转移给控股国有企业集团经营,表面上是政企分开,实质上仍是由政府决策,容易造成国有企业在政府庇护下的特权垄断、权力寻租、效率低下等现象。同时,将遗产经营权整体租赁转移给股份制企业也存在不可避免的问题。企业以营利为最终目标,利润是第一位,在利润的驱动下容易忽略对文化遗产的保护,使遗产保护区管理转入以营利为核心和首要目的的商业性旅游经营轨道,出现市场失灵现象。同时,让旅游企业管理原先的遗产单位,实质上就是把遗产保护转移到外行手中。

②创新文化遗产的经营管理模式

文化遗产的利用也可以看作是一种特殊的产业,虽然有事业性质,但同时也具备产业特点,契合经营权与所有权分离、企业对文化遗产进行经营、文化文物机构实施行业监督与管理的思路。政府部门作为文化遗产公共资源的委托人,其主要职能应该是政策引导和监管,而不是直接经营。政府应该从一个全权的遗产的所有者、管理者、经营者和监督者等多元角色中部分退出,尤其是退出经营者的角色。但是,鉴于遗产的特殊性以及经营放权中容易出现的过度商业化行为,政府、文物部门、旅游部门在文化遗产的旅游开发进程中应坚持合作,形成一种协作监管机制,加强沟通和联系,有效地指导和监督文化遗产经营者的行为。在保护利用文化遗产的过程中,一方面妥善保护文化遗产,另一方面又要协调好各个利益相关方的要求,但这一目标如何实现? 有效机制的形成,并遵循这一机制行事是关键。对于文化遗产的产业化利用,必然要以遗产保护为基础,在政府掌握所有权的前提下,适当放宽对遗产资源的经营权限,通过委托、租赁或特许经营方式让渡部分使用权。例如,陕西省在探索遗址保护和利用方面进行了比较早的尝试，曲江遗址公园的文化旅游发展就是在不断的摸索中寻找适宜的政府与企业之间的合作模式。因为政府对于大遗址保护的资金不足，所以吸引社会企业进行投资，而政府采取相应的补偿措施，比如转让建设控制带之外土地的开发经营权。

3. 依托先进科学技术水平，加大文化旅游产品创新

创新是文化旅游产业发展的重要推动力，是资源相对匮乏地区旅游产业发展的有效途径，也是文化厚重地区文化旅游产品多样化开发的重要手段。当前部分省份旅游产品结构总体来说相对单一，一些城市的旅游产品还是以观光型旅游产品为主，同质化程度严重，替代性较强，产品开发缺少创意，大多数产品只有一次性消费价值，缺乏持续的市场竞争能力。随着旅游产业的不断转型发展，现有的旅游产品结构已不能适应市场需求，因此依托先进的科学技术水平，充分发挥产品创意能力，加大文化旅游产品的创新开发力度成为增强各地区旅游核心竞争力的重要手段。

现阶段文化旅游产品创新大致包括"无中生有"和"借题发挥"两种路径模式。"无中生有"是指根据旅游市场的需求特征，创新开发与本地区地域文化无关的文化旅游产品；"借题发挥"是指立足当地的历史文化，结合现代市场需求，运用新的技术和方法，创造文化旅游产品形式。我国各地区文化资源基础不一，一些地区文化资源较好，但文化较为厚重，对于大众旅游者吸引力不强，应通过创新开发的方式使文化活化，融入趣味性，增加参与体验性；一些地区市场需求旺盛，但可供开发的潜力资源较少，往往需要通过创新引入文化资源的方式开发旅游产品。总体来说，各地区在旅游产品创新过程中应坚持以下几个原则：一是市场导向原则。旅游产品的设计与开发，必须以旅游者的需求为中心，符合旅游产品的发展趋势，满足游客的需求变化。二是注重特色，突出主题原则。主题与特色是旅游产品的灵魂，是旅游吸引力的主要源泉和市场竞争的核心。旅游产品的设计与开发，要根据资源特色、市场需求、区位和环境条件的综合分析，确定主题和特色。三是科技"武装"原则。旅游产品的创新开发要充分融入现代科技元素，恰当运用声、光、电以及计算机数字化等现代高科技手段，烘托旅游产品的文化氛围，积极引入和创新开发先进的娱乐设施，使旅游者获得刺激新奇的文化体验。

例如，安徽省传统文化旅游业的创新发展，需要不断创新传统文化资源旅游利用的方式，在一般利用模式的基础上，形成特色的传统文化旅游资源的利用路径，不断提高安徽省传统文化旅游发展的综合优势。

首先，创建重点传统文化旅游示范工程。安徽省传统文化旅游资源的利用，要做到重点突出，综合利用。针对省域内重点传统文化旅游资源，创建传统文化旅游示范工程。根据安徽省内不同地区代表性传统文化，以不同地区高等级、高品质的传统文化旅游资源为核心，整合地区内其他传统文化旅游资源，突出地区传统文化旅游资源特色，建立完善传统文化旅游产品和品牌体系，创建重点传统文化旅游示范工程。安徽省皖南地区主要是以徽州文化为代表，主要内容包括新安理学、徽州朴学、传统村落、文房四宝和徽剧等，其中不乏一些高等级、高品质的传统文化旅游资源，包括世界文化遗产——徽州古村落、世界非物质文化遗产——宣纸。以遗产类传统文化资源为主要旅游利用对象，开发文化遗产专项旅游产品，应将遗产观光型旅游产品与休闲度假型旅游产品相结合，积极转变文化遗产的旅游功能，建成以文化遗产观光、体验和传承传统文化的遗产文化旅游示范工程。安徽省皖北地区主要是以中原文化为代表，包括老庄文化、建安文学、中医药文化等，创新非物质文化资源的旅游利用模式，将非物质文化与研学旅游相结合，由实体文化观光转向文化休闲与体验。针对中青年开展传统文化大学堂，在文化体验的过程中促进传统文化的传承，创建传统文化研学体验旅游示范工程。皖北地区的中医药文化，更是传统文化旅游资源由观光游览转为休闲体验的重要资源载体，利用传统中医药原理，引入现代高科技医疗技术，中医药文化与养生文化相结合，凸显医药文化资源的体验性和功效性，建成医药养生文化旅游示范工程。

其次，传统文化创意产业集聚区。根据安徽省传统文化旅游资源禀赋，突出省域内不同地区传统文化旅游资源特色，培育传统文化旅游产业链，形成传统文化创意产业集聚区。物质形态和非物质形态传统文化资源的一般旅游利用模式中，产业的发展往往重点是对"传统"内涵的挖掘，突出旅游资源"地方传统"的属性，而传统文化在不断的发展过程中，也正在经历现代融合的过程。所以，传统文化旅游产业创新，需将"传统"与"创意"相结合，创建传统文化创意产业集聚区。传统文化创意产业集聚区的创建，建立在省域内不同地区特色传统文化资源充分利用的基础上，主要以"徽州文化""中原文化"和"桐城文化"为中心。将物质形态的传统文化旅游资源，如皖南地区徽州古村落集聚区赋予休闲度假、风情民俗等新的主题，培育特色徽州民宿、徽州人家、大型休闲度假酒店等新兴业态，依托传统村落，创建传统文化创意产业集聚区。将非物质形态的传统文化旅游资源，如以非物质文化遗产范畴的传统戏剧、民间文学、传统音乐、传统舞蹈、传统技艺为依托，以"佛文化""文房四宝""黄梅戏""花鼓灯""老庄文化""酒文化"和"中医药文化"为主题，利用文化创意及现代文化展示和体验等高科技手段，创建集现代创意、教育研究、旅游产品生产和销售于一体的传统文化创意产业链，建立不同主题的传统文化创意产业集聚区。

4. 强化政府产业主导作用，制定相关产业扶持政策

政府主导是区域文化旅游产品开发的主要驱动力之一，是推动区域文化产业和旅游产业发展的主要力量。因此，强化政府的主导作用，形成强有力的组织领导和工作推进机制，协调相关部门统一行动，构建政府主导、市场运作、业主开发的产业发展思路，是实现区域文化与旅游经济协同发展的重要保障。我国许多省份都是著名的文化大省，各地、市丰富的文化资源为旅游发展提供了强大的资源基础，具有文化旅游发展的天然优势。各地区政府部门要把旅游产业放在国民经济战略性支柱产业和人民群众更加满意的现代服务业的重要地位，通过旅游规划、招商引资、产品促销、市场监管、政策扶持等方式，支持和引导旅游产业的快速发展。文化发展，旅游先行，旅游经济的发展对文化又有较好的反哺作用。在苏州、南京、杭州、西安等旅游经济发达地区，地方政府不仅引导旅游营利资金用于文化保护，确保地域文化资源的保护和传承，还充分利用旅游产业的带动效应，鼓励和引导旅游业与文化演艺、动漫影视、文化出版、文化娱乐等文化产业融合发展，从而带动区域文化产业的繁荣发展。文化管理部门和旅游管理部门应紧密配合，积极发挥其行政管理职能，着力于规范企业行为和市场秩序，协调内外各方关系，为文化企业和旅游企业结合发展提供较好的政策环境。旅游部门应联合文化部门开展文化旅游资源普查工作，制订系统科学的文化资源旅游开发规划，积极引导资金进行项目开发，并监督实施情况；同时组织对外宣传促销，抓行业服务质量和旅游安全、人才培训、信息交流、

统计工作等。

政策支持是引导产业发展的有效途径。通过减免税费、简化审批手续、土地转让等方面的优惠政策，重点引导资金投向文化旅游开发，促进旅游企业与文化产业的融合发展，使文化旅游产业结构向更合理、更均衡的方向发展，带动文化产业的发展繁荣。具体可采取如下政策：一是积极的融资政策。充分发挥资本市场的积极作用，多方面推动文化旅游业的产业化进程。在产业发展过程中，应摒弃地方保护主义的利益理念，选择各种有利的政策措施，吸引多种资金进入；可以采取股票上市、项目融资、股权置换、产业投资基金等多种方式在资本市场上进行融资。二是优惠的税收政策。制定优惠的税收政策，调动文化旅游开发主体的积极性，鼓励内外资开发文化旅游项目，提倡文化旅游的文化反哺效应，文化旅游企业所得税可实行先征后退，作为文化保护基金，用于文化资源的保护和传承。三是优惠的土地政策。加大对旅游项目用地政策的扶持力度，年度土地供应要适当增加旅游发展用地，对重大旅游项目要在用地上给予支持。四是人才吸引政策。与省内相关旅游院校建立长效合作机制，加快培养旅游人才，实施优惠的人才引进政策，引进高层次文化旅游人才。

5. 促进旅游商品与文化创意的融合

旅游商品往往代表着一个旅游景区的自然或人文特色，是一个旅游景区的重要组成部分，体现了旅游景区的品牌形象。作为一个旅游景区，在设计和开发旅游商品时，应该结合景区特色和地域文化，从文化和创意两个方面打造具有特色的品牌旅游商品，同时在《中华人民共和国商标法》的保护下进行商标注册，获得法律上的保护。

（1）旅游商品与文化创意的融合

旅游商品的设计、开发以游客的需求为基础，将现代的时尚理念、文化、创意、科技手段融入其中，要突出商品的文化内涵，体现一定的主题性，并形成系列化产品，然后在文化主题的引导下形成品牌化的旅游商品。

现在大多数旅游景区都设有旅游纪念品商店、手工艺品店或者网上商店，通过旅游商品的生产和销售实现盈利模式的拓展，从而增加旅游景区的经济效益。以文化遗产类旅游景区为例，大英博物馆的木乃伊系列文创产品、故宫的宫廷文化系列文创产品都是以其特色文化为主题形成的。成都金沙遗址博物馆也成立了专门的纪念品公司，集研发、设计、制作、批发和零售商务公务礼品、旅游纪念品于一体。以博物馆的历史文化资源为依托，设计开发兼具实用、艺术、时尚和收藏价值的文创产品。其中最具特点的是以中国文化遗产标识的馆藏精品——"太阳神鸟金箔"为图案设计制作出的文创类生活、商务纪念品，因其独特精美的工艺和深厚的历史文化内涵而深受国内外游客的欢迎。

只有挖掘和利用地域文化、特殊文化遗产创意开发的旅游纪念品、工艺品，才可能吸引游客的兴趣。例如山东天上王城景区历史文化资源深厚，在旅游商品的创意开发中，与相关文化创意企业或艺术院校进行合作，组织专家、设计人员进行设计，利用互联网平台向社会征集创意。由于旅游商品具有纪念性、艺术性特点，在设计时要既能体现春秋历史文化和沂蒙地域文化特色，又能与当代时尚审美相结合，开发出迎合旅游市场需求，同时又集美观、品质、文化、实用于一体的文化创意旅游商品。另外，在旅游商品的原材料、工艺加工等方面体现其地域独特性和传统工艺特色。

（2）旅游商品品牌的建设

具有地域特色的旅游商品品牌，尤其是既能体现旅游目的地文化特色又具有创意的旅游纪念品、工艺品品牌是旅游品牌的重要组成部分。随着品牌观念的发展，目前很多旅游目的地已开始重视旅游商品品牌的建设。例如市场上出现的旅游商品品牌有"北京礼物""新疆礼物""云南好礼"等地方性的旅游商品品牌体系，对于旅游目的地文化旅游商品的发展和品牌影响力的扩大起到了积极的作用。以山东省为例，旅游商品已形成以"山东100""山东三珍"为代表的品牌体系，并多次举办旅游商品设计大赛。北京故宫以故宫为题材设计的朝珠耳机、顶戴花翎官帽防晒伞、格格手机座，由于具有独特的故宫文化特色和新潮的创意设计，受到网友热捧，而成为故宫文创产品中的品牌商品。

为了加快和促进旅游商品的建设，2014年8月9日国务院出台的《关于促进旅游业改革发展的若干意见》（国发〔2014〕31号）指出，要"扩大旅游购物消费。实施中国旅游商品品牌建设工程，重视旅游纪念品创意设计，提升文化内涵和附加值，加强知识产权保护，培育体现地方特色的旅游商品品牌。传承和弘扬老字号品牌，加大对老字号纪念品的开发力度"①。这无疑为旅游商品的发展带来了巨大的政策契机，驱动旅游商品发展的飞跃。开发设计旅游商品、创建旅游商品品牌是构建景区品牌不可忽略的一个组成部分，通过旅游商品不仅可以提升和丰富景区品牌，而且还可延长景区的产业链，促进景区品牌的延伸。

（3）旅游品牌商品的传播与保护

旅游商品以系列化、品牌化模式开发，既能拓展旅游商品的销售市场，同时也能起到传播、营销旅游目的地的作用。游客购买旅游商品带回去给亲友展示本身就是一种传播。同时，通过旅游商品也可以增加游客的现实体验，满足游客购买旅游纪念品或地方特产的意愿，并且游客带回家的景区商品也代表着对景区的一种记忆。

旅游商品在旅游景区的实体商铺销售或线上销售，不仅能够延伸景区旅游文化品牌的产业链条，还能提升旅游景区的品牌影响力和推介力。同时，在旅游商品的开发中，要注重商标注册，保护知识产权，形成自己的旅游商品品牌。在旅游商品的品牌建设上，应该注重以下几个方面。

首先，在旅游商品品牌的建设上，不仅要注重商品的文化创意设计，还要注重对旅游商品的宣传和推广。由于游客停留时间比较短，所以景区要通过各种宣传资料、旅游标志牌、官方网站、微信平台等渠道和方式让游客了解旅游商品种类、品牌文化，进而引起购买的欲望，产生购买行为。

其次，在旅游商品的知识产权保护上，旅游商品的品质好坏也影响着游客对景区的印象和口碑。与旅游目的地有关的旅游企业和行为都有可能影响到整体的旅游品牌声誉。可以对旅游商品进行商标注册，以保护知识产权和旅游景区的品牌形象；旅游景区也可以进行商标品牌授权，授权给厂家、企业或个人，但是在授权之后要对商家经营的旅游商品的内容和质量进行把关，使其经营的商品符合景区的品牌定位和品牌形象。

最后，旅游景区还要对旅游商品生产、销售、服务等环节进行严格规范，杜绝以次充好、以假乱真等现象的出现，维护旅游景区的整体品牌。

---

① 国务院关于促进旅游业改革发展的若干意见 _ 政府信息公开专栏 [EB/OL]. (2022-02-15) [2014-08-21]. http://www.gov.cn/zhengce/content/2014-08/21/content_8999.htm.

6. 加快旅游经济发展，提高旅游收入

旅游经济的影响涉及旅游产业各方面，经济是基础，产业进步、结构优化都是建立在此基础之上，因此，文化产业与旅游产业协调度的提升需要加快旅游经济的进步，可从以下方面来保证旅游收入的增长。首先，把握旅游本质，增强旅游体验。旅游是人们休闲娱乐的一种重要方式，目的是休闲和愉悦心情。随着我国发展进入新时代，网络、大数据等渗透到生活的方方面面，旅游产业也需要与时俱进，加之旅游业依赖于信息化技术来宣传和改进旅游基础设施和技术，因此，在人类开始"时空穿梭"和"5G+D"等虚拟世界畅游时，旅游业也需要踏入体验化的进程。体验是现在旅游的主题，旅游体验不仅要求是物质上的，精神满足也同样重要，旅游体验会在参与上、主观上、文化上等方面体现出来。旅游经济要更上一步必须体悟旅游本质，把握旅游体验理论，结合信息化技术，给旅游者提供一种全方位——视、听、嗅、触等身临其境的质感，以此满足消费者需求，提升自身竞争力。其次，完善基础设施，营造便捷环境。旅游经济的进步离不开基础设施建设。如湖南省湘西自治州交通基础设施的缺乏就是最大的"拦路虎"，因此增加"旅游一日游""旅游两日游"等短时间精品旅游线路，与此同时保证"豪华旅游"的推广与宣传，做到在维护好现有国内旅游市场的同时能够吸引境外市场，才能保证全省旅游产品的核心竞争力；应做好旅游与国家政策相呼应，在建设基础设施的同时响应国家政策，实现省内各形式"旅游扶贫""乡村旅游""全域旅游"等旅游政策，争取引入更多国家资源来促进旅游产业发展。最后，提高旅游服务，打造新型旅游品牌。旅游的服务与质量决定游客的满意度。目前，在以人为本的观念中，旅游竞争又称为服务竞争，人性服务成为众多旅游企业的宗旨，只有做好服务，才能实现"回头客"，因此，提升旅游景区景点服务水平和景区工作人员服务质量尤为重要。在区域旅游发展中，必须引入专业化连锁旅游企业，提高整个区域内的旅游服务质量，制定出旅游服务标准化流程，让游客在享受服务时能够有"条令"可依，有"制度"可查，有"程序"可投诉。在此基础上，打造出更多旅游品牌，生产符合大众审美的旅游产品。如长沙"茶颜悦色"，其不仅在长沙，甚至在全国产生了广泛影响，为整个湖南省做了较好的旅游宣传，增加了旅游创收。

第六章 文旅融合背景下文化产业与
旅游经济互动发展案例分析

本章以安徽省黄山市文化产业和旅游经济互动发展、汨罗端午文化与旅游经济互动发展、昆明市宜良县九乡麦地冲村农文旅融合推动乡村振兴为例，归纳出文旅融合背景下文化产业与旅游经济互动发展的策略。

一、安徽省文化产业与旅游经济互动发展案例分析

（一）安徽省文旅融合发展现状

市场空间中经济增长方式的转变以及产业结构的优化升级给安徽文旅行业发展新型产业形态和创新增长点带来了机遇，文化产业和旅游产业的高度相关性和互补性使得二者的融合指数呈正向上升趋势，安徽文旅融合发展的动力愈来愈充足，二者之间的产业边界日益模糊，耦合程度也日趋提高。

1. 融合趋势日益增强，经济效益逐步显现

安徽文化产业的经济发展前景为旅游产业的产业链延伸和衍生产品的研发创造了稳定的市场环境。旅游产业中的有关消费种类与文化产业有着相当密切的关系，文化元素的注入为旅游业的发展提供了神秘化、可塑化以及活态流变性的成长条件。同时，旅游业的发展整合了文娱体教、休闲康养以及市政服务等行业的发展资源，形成了特色的产业新形态和多样化的行业经济增长点，融合发展趋势日益明显以及融合深度逐步强化。

2. 初步释放文旅产业创新活力

从文化资源拥有量以及分布情况来看，安徽文化产业的交叉性发展有

着得天独厚的利用条件和开发空间，可以充分汲取徽派古韵中蕴含的历史文化资源以及戏曲民歌、音乐舞蹈中的非物质文化遗产资源等。安徽省是旅游资源大省，自然景观资源丰富，人文古迹资源多样化，已经打造出皖南世界遗产之旅、大别山红色文化回忆之旅、九华山朝圣之旅等多个山水风光旅游带和文化旅游经济圈。目前安徽省着力打造旅游产品新业态和文化产品新形态，推进旅游业与文化产业及其相关的文化创意产业和文化科技产业的融合发展，利用社会资本和融资系统激发文旅产业的创新活力，培育文旅行业新业态和新业务。

3. 因时因势转变经营方式

新冠病毒感染疫情期间，安徽省文化和旅游厅印发了在疫情防控期间实施相关措施推动相关产业平稳健康发展的通知，详细明确地指出文化旅游企业应该适时用好相关政策和方针促进经营方式和宣传方式的转变，如借助互联网、3D、VR等技术，推动安徽博物院、安徽省图书馆等推出数字展厅、网上图书馆等，让群众可随时观展、阅览；开发"足不出户纵览景区"项目和跨越时空限制的VR旅行产品，进一步完善景区的全流程智能辅助式游览服务。转变经营方式和消费策略激活了文旅市场潜力，利用旺季打造新一轮的旅游消费聚集点，发起旅游示范区以及旅游商品打卡点的评选，并借助网红景点来打造，能够促进行业内的良性竞争，带动相关产业的高质高效成长。

（二）黄山市文化产业和旅游经济互动发展

1. 黄山市文化产业与旅游经济互动发展状况分析

（1）黄山市概况

黄山市地处皖南山区南部。黄山横亘北部。莲花峰海拔1 873米，为最高点。东有天目山、白际山，南有怀玉山。山间散布有歙县、屯溪、休宁、黟县等盆地。黄山南麓诸水汇入新安江，北麓诸水注入太平湖。西南隅之阊江流入江西鄱阳湖。

黄山市作为全国重点旅游区和茶叶产区，为全省林业基地之一，有屯绿、祁红、太平猴魁、黄山毛峰等名茶。特产香菇、香榧、猕猴桃、蜜枣、雪梨、枇杷、贡菊等。皖赣铁路、杭瑞高速、京台高速、205国道等穿境，境内有黄山机场。新安江屯溪口可通木船,深渡至千岛湖通汽轮。旅游资源有西递古村落、宏村古村落、黄山3处世界文化遗产,黄山、齐云山、花山谜窟—渐江等国家重点风景名胜区,徽州国家森林公园、太平湖世界公园、牯牛降国家地质公园,歙县、黟县两个历史文化名城,等等。

(2)黄山市旅游产业发展回顾

黄山市具有丰富的旅游资源、自然资源和人文资源,这些资源在黄山交互相融,为黄山市的旅游行业发展增添光彩。当前,黄山市拥有闻名于世界的双遗产地黄山风景区、全国历史文化名村3处——黟县西递镇西递村、黟县宏村镇宏村、歙县徽城镇渔梁村,省级历史文化名镇3处。近些年来,随着黄山市旅游产业的迅猛发展,黄山的美誉度以及知名度持续提升,黄山市旅游人数也逐年增加。结合表6-1可知,2011年,黄山市游客接待人数最多维持在3 054.4万人次;2018年,接待人数已经高达6 486.59万人次,接待人数持续增加,八年时间黄山市旅游接待总人数和入境游客接待人数均翻了一番。从增长速度来看,除了2013年,黄山市的旅游总接待人数与入境游客接待人数均持续增加,发展状况良好。

表6-1 2011—2018年黄山市旅游接待人数统计表

年份	2011	2012	2013	2014	2015	2016	2017	2018
总接待人数(万人次)	3 054.4	3 641.3	3 732.6	4 165.1	4 665.9	5 187.1	5 777.18	6 486.59
总接待人数增长率(%)	20.0	19.2	2.5	11.6	12.0	11.4	12.3	12.3
入境游客接待人数(万人次)	131.4	160.3	160.6	176.9	195.1	215.2	237.59	262.79
入境游客接待人数增长率(%)	25.1	22.0	0.2	10.1	10.3	10.3	10.4	10.6

随着旅游人数的增加旅游收入也持续攀升。结合表6-2可知,2011年到2018年,黄山市旅游收入以及旅游外汇收入增长量接近200%,旅游对经济增长起到明显的推动和促进作用。就旅游收入增长速度而言,黄山市旅游总收入年增长率从2014年开始突破10%,且持续增加。另外,从旅游外汇收入增长率来看,黄山市旅游外汇收入持续增加,且从2014年开始也都均超过两位数。从这可以看出,黄山市的旅游产业正在蓬勃发展,旅游业发展处于上升期。

表6-2　2011—2018年黄山市旅游收入统计表

年份	2011	2012	2013	2014	2015	2016	2017	2018
旅游总收入（亿元）	251.0	303.0	314.5	354.4	400.7	506.11	572.76	572.76
旅游总收入增长率（%）	24.2	20.7	3.8	12.7	13.1	12.4	13.2	13.2
旅游外汇收入（亿美元）	3.85	4.82	4.87	5.43	6.04	7.5	8.42	8.42
旅游外汇收入增长率（%）	27.9	25.2	1.0	11.5	11.3	11.6	12.2	12.2

从上面两个表格可以看出，黄山市自2013年以来，旅游总接待人员增长量略高于入境游客接待人数，与此同时旅游总收入年增长率高于旅游外汇增长率。据此可知，当前国内旅游市场对旅游总收入增长率贡献更大，说明国内旅游消费需求有所扩大，可进一步挖掘国内旅游市场，这需要对黄山的旅游产业进行产业转型升级，从而吸引更多游客，增加旅游总收入。

（3）黄山市文化产业及事业发展回顾

黄山市以"创新体制、转换机制、面向市场、壮大实力"为宗旨，不断调整黄山市文化产业发展方向，不断加大黄山市文化发展规模，不断改善文化产业投资环境，积极动员民间资本投入文化产业，形成国家、集体、企业、个人多元参与、共建共享的文化投资新格局。黄山市政府也紧紧围绕保护和传承徽州文化，依托徽州文化保护实验区、皖南国际旅游示范区等平台，并依托政府积极推动文化产业发展。近年来，黄山市文化发展亮点纷呈、成果丰硕。

①文化产业发展规模

当前黄山市非遗产物质文化包括民间文学、民间美术、民间舞蹈以及戏曲等在内的14大类，1325个项目，在安徽省16个县、市范围内位列第一位。2008年，全国第二个国家级文化生态保护区——徽州文化生态保护试验区正式揭牌成立。另外，黄山市还打造高规格平台——政府与故宫博物院签署战略合作协议，故宫博物院驻安徽黄山市徽派传统工艺工作站、故宫学院徽州分院、故宫博物院博士后工作站也相继在黄山市成功揭牌，同时黄山市还被授予"中国文房四宝文化名城"荣誉称号。此外，黄山市还拥有世界文化遗产地2处（黄山和皖南古村落西递、宏村），全省独有；

拥有中国传统村落 92 处，国家级历史文化名城 1 座，名镇 3 处，名村 14 处，名街 3 处（全国 4 条，占 75%），国家级文物保护单位 31 处等。

②文化产业项目规模

黄山市重点围绕宣传中国梦、培育和践行社会主义核心价值观等重大主题，推出"梦徽州""徽州风雅"等一批地域特色鲜明的文艺精品。2 自 2014 年国家艺术基金设立以来，黄山市有 13 个项目入选，总数名列全省榜首。

③文化产业机构规模

截至 2021 年年底，黄山市拥有 11 个图书馆、8 个文化馆、5 个美术馆、53 家博物馆、101 个乡镇综合文化站，110 个乡镇、街道、村公共电子阅读室，697 个农家书屋以及 38 个省级农民文化乐园。

④文化产业总量规模

截至 2021 年年底，黄山市拥有国家级文化产业示范基地 1 家、省级文化产业示范园 1 家以及省级文化产业示范基地 9 家，市级规模以上的文化及相关产业法人单位 57 家，民营文化及相关产业企业法人单位 1 958 家。黄山市文化产业增加值正在逐年增加，可见黄山市的文化产业规模发展越来越快，越来越大。

（4）黄山市文化产业与旅游产业融合回顾

①产业规模

随着社会快速发展，黄山市将文化精品产业打造工程提上日程，进一步强化文化产业园区的建设，进行文化业态的创新，持续推进文化资源创造性转化以及创新性发展。截至 2021 年年底，黄山市重点文化和旅游类项目共计 209 个，全年计划投资共计 156 亿元。另外，黄山市有 105 个行政村推进乡村旅游接待工作，超过 10 万人次的农民转向以文化旅游为主的第三产业。由此来看，黄山市文化旅游产业发展规模越来越大。

②产业结构

进入"十三五"以来，黄山市的产业结构不断优化，拥有出版印刷、演艺娱乐等常规产业；拥有绿色印刷、数字出版、网络视听、康体养生、摄影观光、体育休闲等跨业融合新型文化旅游业态；拥有能够体现地域文化旅游资源、创新表现手法的特色产业，如工艺美术、演艺影视、文化旅游、休闲娱乐、节庆会展等。其中，徽文化旅游产业、娱乐演艺文化旅游产业、美术工艺文化旅游产业、旅游文化产业等四个产业，是黄山市发展较早、基础较好、规模较大、经济带动作用大的产业。

③产业客体

黄山市拥有丰富的旅游资源、深厚的文化底蕴。在徽州历史文化的熏陶下，黄山逐渐推出了一系列具有鲜明地域特色的文艺精品，如"梦徽州""徽州风雅"等，黄梅戏中的《曙光曲》《挑山》以及大型多媒体文艺演出《徽韵》《宏村·阿菊》和京剧小戏《挑起一片天》；在持续推进文旅融合的基础上，进一步打造省级非遗文化产业基地"黎阳 IN 巷"；设计了一系列研学旅游专题线路，如以黄山、西递和宏村为代表的世界遗产游，以徽文化为代表的历史文化故事游，以徽州区岩寺新四军军部旧址为代表的红色旅游；结合了一些传统民俗景区演出节目汇编，编排出舞狮、轩辕车会等景区演艺节目。与此同时，黄山市还打造了徽池古道、灵山古道等在内的十多条精品旅游线路。

④产业主体

黄山市因地制宜地吸收徽州文化、绿色文化、红色文化、海派文化和知青文化，发展旅游观光、文化体验等一系列旅游商品，其中黄山的茶叶文化、雕刻文化等被大众所追捧和喜爱，且具备一定规模的旅游文化商品生产企业：黄山毛峰和徽州贡菊的代表企业有黄山谢裕大茶叶股份有限公司、六安同盛祥茶叶股份有限公司、黄山市猴坑茶业有限公司；而文化纪念品的代表企业则有黟县金星工艺有限公司、屯溪胡开文墨厂、徽州竹艺轩雕刻有限公司等。部分企业还被评选为国家工业旅游示范点、"中华老字号"和上海世博会指定旅游商品生产企业等。

⑤产业空间布局与集中

黄山市现代服务业产业园是目前黄山市打造的最大的文旅产业集聚园区，位于黄山市中心城区，由安徽省人民政府于2013年批复设立，是安徽省首个以现代服务业为主导的产业园区。自2016年统计体系建立以来，园区核心企业主营业务收入完成235亿元，实现税收17.4亿元；完成固定资产投资116.7亿元，园区接待市民和游客量突破120万人次。园区内已经汇聚了包括智慧旅游、文化创意、文化演艺、文博体验、休闲娱乐、度假养生、体育健身、非遗传承以及旅游视频等在内的各类服务企业150多家。正因为涉及领域之多之广，黄山市现代服务业产业园先后获得省文化产业示范基地、省级文化产业园区、省十大重点旅游项目。

2. 黄山市文化产业和旅游产业进一步融合发展的产业选择与培育分析

（1）产业选择的依据及总体思路

就理论上来说，黄山市文旅产业融合发展符合产业升级发展规律，是产业升级发展的一种形式与表现，推动黄山市文化产业和旅游产业融合发展属于顺应产业发展规律；就当地的现实来看，黄山市文旅产业融合发展拥有比较好的资源条件和产业基础，二者融合发展已经取得了一定的成效，推动黄山市文化产业和旅游产业融合发展属于巩固发展成果和壮大提升发展成果。黄山市文化产业与旅游产业在相互渗透、融合发展上已经具有较强的耦合度和较好的耦合协调度，并呈现向好发展态势，推动黄山市文化产业和旅游产业融合发展具有科学性、合理性。

从黄山市政府及上级政府对黄山市经济社会发展的期许来看，黄山市经济社会发展的中长期目标定位是把黄山市建设成为旅游强市、文化名市、经济小强人，建成国家皖南国际文化旅游示范区[①]、国家旅游业改革创新先行区[②]、国家全域旅游示范区[③]。在安徽省16个地级市中，黄山市是安徽省的第一张"名片"，旅游接待量、旅游收入及影响力一直走在各市前面。黄山市还是徽派文化重要的发祥地，对安徽的绘画、医学、建筑、雕刻、盆景等影响深远。黄山市依托建设国家皖南国际文化旅游示范区、国家旅游业改革创新先行区、国家全域旅游示范区等战略机遇及建设成果，围绕黄山市建设文化强市、旅游强市、经济小强人、世界一流旅游目的地、现代国际旅游城市等经济社会发展大目标和大背景，以及把文旅产业培育成黄山市新兴支柱性产业目标，以徽文化旅游产业、娱乐演艺文化旅游产业、

---

① 2014年2月经国务院同意，国家发展和改革委员会批复《皖南国际文化旅游示范区建设发展规划纲要》。黄山市是示范区的主体区和核心区——笔者注

② 2015年12月黄山等15个副省级和地级市首批（国家旅游局）获批国家级旅游业改革创新先行区。黄山市是安徽省唯一获批城市——笔者注

③ 2016年2月黄山市成功入围首批创建国家全域旅游示范区名单。2019年9月，经首批国家全域旅游示范区验收认定，黄山市黟县入选首批国家全域旅游示范区名单——笔者注

美术工艺文化旅游产业、旅游文化产业、休闲养生文化旅游产业、运动文化旅游产业、杭州商圈都市圈文化旅游产业等七个产业作为文化产业与旅游产业融合发展的主要产业取向和文旅产业内部重点发展的产业。

（2）产业培育发展的总体思路

就上述七大产业来说，实行存量产业规模扩大与品质升级兼顾、存量优化提升与增量加快培育并举，实行文旅相互渗透、相向而生、开放包容、相生相融，主要是力争做到：一方面，文化要围绕旅游推出新、特、优的文化产品及旅游产品，拓展文化和旅游的市场份额，扩大文化和旅游的产业规模，增加经济价值和社会效益（尤其是文化产业的经济价值），培育出旅游新属性，建设和提升文旅产业新业态，同时实现文化产业、旅游产业、文旅产业发展三目标；另一方面，旅游要围绕文化推出新、特、优的旅游产品及文化产品，拓展旅游和文化的市场份额，扩大旅游和文化的产业规模，提升旅游产业的层次与品质，增加经济价值和社会效益，培育出文化新属性，建设和提升文旅产业新业态，同时实现文化产业、旅游产业、文旅产业发展三目标。

（3）重点产业的选择与发展

在上述七大文旅产业中，徽文化旅游产业、娱乐演艺文化旅游产业、美术工艺文化旅游产业、旅游文化产业等四个产业，是黄山市发展较早、基础较好、规模较大、经济带动作用大的产业，可以作为文旅产业的重点产业和支柱性产业来推进发展。这四大产业的主要任务是在进一步扩大产业规模的同时，大力推动产业升级，提升产业品质，实行扩大规模、提升品质并举。

①徽文化旅游产业

这是一个主要基于徽文化资源及市场，同时依托旅游产业，游客和访客以徽文化消费、考证、研究、创造为目的而前来造访黄山市，由相关主体进行徽文化开发利用所形成，同时具有文化和旅游属性，具有黄山市区域性特征的产业化活动或产业。它主要是以徽文化产业为基础，是文化与旅游融合而成的文旅产业。

它是黄山市最早发展起来、发展得比较好、影响力比较大的文旅产业之一，是最具代表性的城市名片之一，同时也是黄山市第三产业的支柱产业之一。

从历史角度来看，黄山市是文化名市。徽文化是我国具有重大区域性影响的三大地域文化之一。黄山市是徽文化的重要发祥地之一。徽文化对安徽的画派、医学、建筑、"四雕"、盆景等一直存在深远影响，京剧的前身就来自徽剧。黄山市已经被列入世界文化遗产名录。因此，随着我国经济水平和消费水平的提高，我国居民对文化、旅游的消费已经出现了变化与升级，希望在旅游消费中能够同时获得越来越多的文化消费与享受，在文化消费中能够同时获得像旅游消费那样的效果。在这种背景下，徽文化已经开始成为游客和访客来黄山市进行旅游消费的一种新消费需求、新内容、新趋势。与此相联系，徽文化已经不仅仅是黄山市拥有的一种具有地方特色的历史文化或文化遗产，同时还开始成为黄山市供给的一种新旅游商品——历史文化旅游消费品。与这种历史文化与旅游融合发展趋势相一致，黄山市对当地徽文化的挖掘、开发、保护、利用已经发生相应改变，已经从旅游角度对其注入商业价值，开始同时从文化视角与旅游视角进行对徽文化的挖掘、开发、保护、利用。

但是，从产业水平和产业赖以发展的徽文化资源挖掘、开发、利用来看，目前仍处于以徽文化参观、徽文化介绍及直观展示为主的水平、阶段，仍是以一般的历史文化博物馆参观展览和历史文化剧场表演为主要平台和形式，技术含量比较低，体验、考证、研究、学习、创造这些层次的文化旅游产品供给比较薄弱。

为此，要依托进一步扩大和提升徽州文化与艺术长廊、徽文化产业园、屯溪老街、徽州古城开发利用等一批国家级、省级徽文化产业基地，通过积极推广应用 VR、AR、3DP——3D 打印技术等先进实用技术，以增强游客吸引力、增大访问时间长度、拓宽游客种类为重点，加快推出一批具有体验、考证、研究、学习、创造等消费功能的徽文化旅游产品，使历史文化旅游产业进一步扩大规模，大幅度提升产业品质。

②娱乐演艺文化旅游产业

这是一个主要基于黄山市独特的娱乐演艺资源及市场，同时依托旅游产业，游客和访客以娱乐消费或进行生产经营为目的而前来造访黄山市所形成的，同时具有文化和旅游属性，具有黄山市区域性特征的产业化活动或产业，也可以称之为娱乐演艺影视文化旅游产业。它主要以娱乐演艺影视文化产业为基础，是文化与旅游融合而成的文旅产业。这是黄山市较早发展起来、发展得较好、影响力较大的文旅产业之一，同时也是黄山市第三产业的支柱产业之一。

娱乐演艺是旅游产业的一个基础性配套内容，一个不可缺少的重要组成部分。从旅游产业发展演进来看，白天观光、游山玩水，晚上观看娱乐表演，这是一直保留着的传统"流水线"，也是重要、传统的旅游内容。因此，到黄山旅游，观赏娱乐表演也成为多数游客认同的一种文化业态，不仅娱乐文化已经旅游化，而且娱乐旅游也已经文化化。

虽然黄山市是一个地级市，但由于只有140多万户籍人口、700多亿元的年GDP总量，在综合实力上还进入不了三线城市行列，甚至还不如我国沿海地区的许多县及县城。受此制约，黄山市娱乐演艺产业的规模仍偏小，发展水平仍偏低。从娱乐消费升级、个性化需求增多、缩小市际差距，以及建设文化强市、旅游强市、世界一流旅游目的地、现代国际旅游城市等要求来看，推动黄山市娱乐文化及娱乐文化旅游产业加快壮大规模、提升品质，既存在必要性，也存在迫切性。

为此，一方面可考虑通过政府购买服务、原创剧目奖补等方式，鼓励演艺企业打造一批具有徽州特色、体现时代气息、展示现代风貌、在省内外具有广泛影响的原创演艺精品。依托《徽韵》《宏村·阿菊》入选全省民营艺术院团"十大名剧"的契机再打造一批知名演艺产品与品牌，推动黟县守拙园、秀里影视村等影视演艺基地从粗具规模过渡到更大规模，以屯溪区为中心积极建设集演艺、休闲、旅游、餐饮、购物、健身等为一体的综合性娱乐设施。另一方面，要通过积极推广VR、AR技术，大力发展大众娱乐、时尚娱乐、休闲娱乐、体验娱乐、数字娱乐，建设多层次的文化休闲娱乐消费市场，开发具有黄山特色、健康文明、时尚高雅的文化休闲娱乐活动。

③美术工艺文化旅游产业

这是一个受黄山市独特的自然资源、历史资源、社会经济资源吸引，同时依托旅游产业，游客和访客慕名前来黄山市进行摄影、美术创造、工艺创造及展览、交流、交易所形成的，同时具有文化和旅游属性，具有黄山市区域性特征的产业化活动或产业。它主要以美术文化产业为基础，是文化与旅游融合而成的文旅产业。

黄山位于我国十大名山前列，有天下第一奇山之称，是国家级和世界级地质公园、国家5A级景区，已经被列入世界（文化与自然）双重遗产名录，是我国四大世界双重遗产之一。奇松、怪石、云海、温泉、冬雪的"黄山五绝"，人字瀑、百丈泉、九龙瀑的"黄山三瀑"等独特景观，每年都会吸引来成千上万的游人和访客。在正常情况下，游黄山必摄影，这已经成为游客和访客的主要目的。从这个角度来说，黄山之行早已不再是一种纯粹的旅游，已经有文化之旅的属性。与此相联系，以黄山、徽文化为素材的美术创造、工艺创造也在自然生长。但其中还是以个人行为居多，主要还是以有限的那些传统摄影、美术、工艺作品为主，主要还是以分散的小门面店营销为主，创新型、多样化的作品难以推出，产业化、规模化、市场化、聚集化的展览、交易、交流仍难以顺利进行。扩大产业规模、提升产业品质，均属当务之急。

为此，应依托创建全国摄影产业创新示范基地、创办国际摄影节庆展会、"百佳摄影点"基础建设升级，统筹推进摄影的产品、品牌、营销、孵化、网络、服务、产业基地等创新。以举办中国非遗大展和世界技能大赛为契机，围绕创建中国黄山非遗文化艺术品交易中心，实施政策和产业基金引导，推动徽州"四雕"、徽墨、歙砚等具有地方文化特色的传统产业升级发展；应运用新技术、新工艺、新材料、新设备，积极开发附加值高、市场占有率高的非遗产品，培育一批骨干企业，建设一批工艺美术特色产业基地，扶持发展一批民间工艺、现代艺术品等专业村。

④旅游文化产业

它主要是以黄山市独具特色的知名旅游品牌及市场和产业为基础，游客和访客慕名前来造访黄山市所形成的一种同时具有文化和旅游属性，且两种属性有机融合，具有黄山市区域性特征的产业化旅游文化现象或产业化活动。它主要是从旅游产业内生，而来旅游向文化衍生而形成的文旅产业。它也是黄山市最早发展起来、发展得比较好、影响力比较大的文旅产业之一，是最具代表性的城市名片之一，同时也是黄山市第三产业的支柱产业之一。

从旅游角度来看，基于黄山旅游资源而形成的黄山旅游已经是一个世界级知名旅游商品品牌和知名旅游产业。

从文化角度来看，黄山旅游已经成为一种特色鲜明、有较大影响力和吸引力的知名文化。

　　从产业关系角度来看，游黄山在作为一种旅游存在的同时已经成为一种文化现象。人们访问黄山，已经不再以单一的观光游客身份或文化访客身份出现，目的也不再是单纯地欣赏黄山风光，而是带着文化的目的。游黄山在潜在的游客中已经同时成为一种文化向往与文化需求，游客的黄山行已经或多或少地体现一种文化色彩与文化消费效果。基于黄山旅游及其文化的形成，一种新业态——旅游文化产业，不仅已经形成，而且已经拥有不亚于旅游的影响力，与旅游同样发挥起支柱产业的作用。

　　但是，如果把视角拓宽，黄山市的旅游文化产业目前主要还是立足于黄山这一载体上，黄山市其他领域的旅游，如美食、休闲养生、运动等相对发展还不算太差的旅游，其文化色彩就比较弱，还没有体现出文化属性，与产业化要求还有很大的距离。为此，要以加快建成国家级皖南国际文化旅游示范区、国家级旅游业改革创新先行区、国家级全域旅游示范区为总体目标，以建设具有鲜明黄山特色、体系完整、功能配套、品质领先的产业化旅游文化为直接目标，以提升全域旅游建设为基础，以扩大产业规模、加强产业联动为突破，以3家国家5A级旅游景区为龙头，以4A级、3A级景区升级和创建更多国家级旅游景区为突破，推动观光、饮食、住宿、购物、娱乐、健康、游学等旅游环节升级发展，进一步丰富黄山市旅游文化的内容，进一步扩大黄山市旅游文化的边界，进一步提升黄山市旅游文化的品质。

　　（4）新兴产业的选择与发展

　　在上述七大文旅产业中，休闲养生文化旅游产业、运动文化旅游产业、"杭州商圈"都市圈文化旅游产业等三个产业，是黄山市起步较晚、基础较弱、规模较小、体系不够完整的产业。相对于前文所述的四大产业来说，这三个产业体现出来的新兴产业属性更强，产业培育更加突出。因此，这三个产业的主要任务与当务之急是快速扩大产业规模，加快建成相对完整的产业体系。

　　①休闲养生文化旅游产业

　　这是一个主要基于黄山市独特的休闲养生资源及市场，同时依托旅游产业，游客和访客以休闲养生消费或进行休闲养生产品生产交易为目的而前来造访黄山市所形成的，同时具有健康、文化和旅游属性，具有黄山市区域性特征的产业化活动或产业。它主要是以健康产业为基础，是健康、文化与旅游三个产业融合而成的文旅产业。

随着我国人均 GDP 突破 1 万美元大关，在我国全面建成小康社会、人民生活水平普遍大幅提升后，休闲养生作为一种生活的新追求和新目标变得更加突出。发达国家的发展历程已经印证了这点。休闲养生是一个有着巨大发展空间的市场和产业。休闲养生不仅可以表现在食、穿、住、行等物质生活方面，而且还可以表现在文化、教育、心理等精神生活方面。从现实来看，休闲养生往往是物质生活与精神生活、物质消费活动与精神消费活动联在一起的，是一个统一体，是一个可以融为一体的统一体。文化活动可以体现和达到休闲养生，旅游也可以体现和达到休闲养生。

要推动黄山市的休闲养生文化旅游产业快速发展，一是要进一步发扬光大作为中国八大菜系之一的徽菜，培育起徽菜的休闲养生饮食文化及旅游。既要从旅游、休闲养生、文化的角度对徽菜进行产业化挖掘与创新，也要通过改良创新使徽菜衍生出更多的休闲养生功能及文化属性，使徽菜及其休闲养生文化产业规模尽快壮大，使徽菜既是一个游客和访客认可的菜系品牌，也是一个知名的休闲养生品牌和文化品牌。二是要以夜市为重点，从经营环境到经营方式推动已经引进的各地特色美食全面升级，促进这种旅游城市一般都有的特色美食城或美食街升级发展，培育和提升美食城或美食街的休闲养生美食文化及旅游。三是要通过对中国黄山·国际养生度假区、新徽天地、齐云山自由家营地、黄山玉泉养生俱乐部、紫金园休闲养生基地、傍霞小镇、天琴翠谷文化养生基地、桃源休闲度假村、关麓精品民宿体验区等休闲养生度假基地进行配套性、延伸性、升级性建设，强化度假区休闲养生文化旅游。四是要推动饮食休闲养生与运动休闲养生相互促进、协调发展，依托运动丰富黄山市休闲养生文化旅游的内涵与形式。

②运动文化旅游产业

这是一个以竞技运动与非竞技运动(或者专业运动与业余运动)为基础，同时依托旅游产业，游客和访客慕名前来组织、参加与观赏运动所形成的，同时具有旅游和文化属性，具有黄山市区域性特征的产业化活动或产业。它主要以运动为基础，是运动、文化与旅游三个产业融合而成的文旅产业。

从功能来看，运动与旅游有着天然的一致性。在人们越来越注重健康、追求更高品质生活的今天，运动和运动旅游不仅已经成为一种时尚、生活方式和重要趋势，而且已经成为一种文化，现在人们观赏、参与运动，既有追求健康休闲养生的成分，也有文化体验的目的。如果说运动和运动旅游是一个有着巨大发展空间的市场和产业，则运动文化旅游可以产业化成长，并有广阔的空间。

　　推动黄山市运动文化旅游产业化快速发展，一是要通过提升黄山国际登山大会、黟县国际山地车节、齐云山徒步大赛、国际乡村漫步大会、登山徒步露营大会等品牌赛事的影响力，以及中国黄山国际户外运动基地、黄山乐拓者旅游休闲运动中心、"黄山168"国际徒步探险基地、黄山太平湖国际帆船俱乐部、黄山低空直升机旅游、黟县自驾车（房车）营地、徒步探险基地等运动平台的品质，把健康休闲养生类运动、竞赛类运动的参与与观赏，同时建设成具有鲜明文化属性、旅游属性的产业及产品，培育独具黄山市特色的运动休闲养生文化旅游产业。二是要充分利用黄山旅游既有的国内外影响力、黄山市休闲养生产业及文化的培育扩张等相关产业，吸引国内外运动资源向黄山市转移和汇集，加快扩大黄山市运动及文化品牌在国内外的影响力。三是要利用黄山市都市圈经济及文化的开拓和培育，推动圈内运动资源和长三角地区运动资源向黄山市聚集，快速提升黄山市运动及文化品牌在区域的影响力。

　　③ "杭州商圈"都市圈文化旅游产业

　　这是一个基于黄山市独特的区位条件、自然资源、历史资源、社会经济状况，依托旅游产业，立足于"杭州商圈"都市圈内黄山市与其他圈内成员之间的差异性、互补性、协同性，以人流、商流为主所形成的，同时具有商务、文化和旅游属性，具有黄山市区域性特征的产业化活动或产业。它主要以空间商圈纽带、都市圈纽带为基础，是商务、文化与旅游三者融合而成的文旅产业。

　　黄山市距安徽省最大的经济、政治、文化、科技中心合肥市大约330千米，黄山市与合肥市之间还有其他地级市相隔，位于安徽省的边缘。黄山市与杭州市的距离为220千米。随着高铁的开通，就区域经济关系来看，黄山市属于杭州1小时经济圈（即商圈）——"杭州商圈"的一员，更容易融入。从"杭州商圈"成员关系来看，黄山市与圈内其他成员在自然资源、历史资源、社会经济上存在着明显的差异性、互补性、协同性，黄山市融入"杭州商圈"更有利于自身发展，更有利于融入长三角地区，更好地利用长三角地区的资源与市场。杭州及长三角地区作为我国最发达的都市区，当地居民有着我国最强的节假日外出集旅游、休闲养生、商务、研学等于一体的综合需求，并且已经成为当地的一种生活文化和商务文化。从差异性、互补性、协同性、性价比、时效性来看，在"杭州商圈"将黄山市作为重要目的地是一个最优的选择。从近年黄山市接待的境内游客占比来看，来自"杭州商圈"和长三角地区的游客和访客一直都是最多的。这就意味着，这不仅是黄山市可利用的重要资源与商机，而且还是黄山市与商圈其他成员建立商圈文化、都市圈文化的重要资源与契机。如果黄山市与商圈其他成员建立起稳定、有影响力、获得认同的商圈文化和都市圈文化，则黄山市的商圈经济、都市圈经济及文化就会获得产业化发展。

为此，一是要就加强联系、开放、合作，依托政府、行业协会、企业及居民个人各种主体，全员发动，大力向"杭州商圈"、杭州都市圈及长三角地区全方位宣传推介黄山市，以对圈内居民实施全方位旅游优惠营销（其中包括节假日）为突破口，吸引更多的圈内居民前来造访，提升圈内居民访问的频率，延长圈内居民停留的时间，增加圈内居民在黄山市开展活动的多样性，让圈内居民在黄山市的活动越来越多的是集旅游、休闲养生、商务、研学等于一体的综合性活动，或者是家族性、团队性活动，进而建立起产业化的"杭州商圈"旅游、商务及文化，促使"杭州商圈"旅游文化、商务文化在黄山市成为一种产业化现象与趋势，推动"杭州商圈"在黄山市成为一个文化与旅游、文化与商务有机融合的产业。二是要围绕文化创意、美术工艺创造、会展等产业化商务活动加快建立健全针对性强、专业性强、配套性好、性能优越的软硬件条件，使游客和访客在黄山市可以做到商务与休闲养生、旅游兼顾。三是要有针对性地加强一般性的软硬营商条件和环境建设，进一步完善以路、管、网、线及配套站场为核心的硬件基础设施体系，以信息化、智能化、移动化、WiFi覆盖、低费用为核心，提升硬件基础设施的技术含量和运行效率，以改进服务、提升效率为核心完善政府服务。

二、汨罗端午文化与旅游经济互动发展案例分析

（一）汨罗市旅游优势介绍

汨罗市被誉为"端午源头、龙舟故里"，拥有雄厚的历史文化底蕴与优良的自然生态环境，交通便利，为传统文化旅游发展提供了良好的发展机遇。

1. 区位优势

汨罗市连接湖南省东北部幕阜山与洞庭湖等地带，自然环境优美，东、南、西、北分别与平江、长沙、益阳、岳阳等地相接壤，经济辐射范围较广。从交通上来说，汨罗市更是在铁路、公路与水路等各个交通范围内拥有显著的优势，现阶段汨罗市已经发展成为湘东北地区经济、人口与物流等聚集的最大区域。

2. 资源优势

汨罗市素有中华诗词之乡、中国龙舟名城等文化称号，其中的历史文化资源包括屈子祠、任弼时纪念馆、长乐镇、长乐抬阁故事会、荷叶湖湿地保护区、普德大庙、宝缘庙、崇善寺等各大文化遗产与文物保护单位等，是集历史文化、教育示范基地、生态示范村、国家级湿地公园以及宗教等于一身的文化宝地（见表6-3）。截至2021年年底，汨罗市拥有的世界级非物质文化遗产、国家级非物质文化遗产项目以及国家级非物质文化遗产代表传承人分别有1项、2个与1个，均为汨罗旅游的发展提供了丰富的文化资源。

汨罗市文化资源历史悠久，汨罗江的龙舟文化最早发源于公元前278年农历五月初五，爱国诗人屈原投江后百姓纷纷被其爱国之情所感，划船打捞，此后每年的五月初五当地群众为表达对屈原的怀念，都举办这样的活动，代代相传。直到2000年以后"龙舟竞渡"的比赛逐渐形成了规模化的发展，原本作为表达敬爱之情的划船习俗也在不断的历史演进过程中演变成为龙舟文化。纵观我国历史文化可以发现，到汨罗江凭吊屈原的文人不计其数，包括司马迁、苏轼、李白等人，留下了无数篇经典名著。无论是汨罗江孕育的无数文人、留下的无数篇经典传世的作品，还是现代化的河灯等，均为汨罗旅游文化的发展增添了无限神秘莫测的魅力。

表6-3 汨罗市旅游资源分类

主类	亚类	基本类型	单体
地文景观	综合自然旅游地	山岳型	玉池山、神鼎山、红花山、智峰山、隐珠山、团螺山、玉笥山
水域风光	河段	观光游憩河段	汨罗江
生物景观	树木	独树	八景林场、桃林林场、玉池林场、新市林场、沙溪林场、兰家洞林场、市林业科技示范园
	候鸟栖息地	鸟类栖息地	汨罗江湿地公园
遗址遗迹	史前人类活动场所	文物散落地	战国墓文物散落群
		历史事件发生地	饮马塘、桃花洞、屈原投江处、盘石马迹、贾谊及太史公凭吊处、三尺墩、灌樱桥
	社会经济文化活动遗址遗迹	废弃寺庙	观音寺、城隍庙、白鹤观、明心寺、南阳寺
		废城与聚落遗迹	罗子国遗址、淮阴县委故址、下街头古街
		交通遗址	归义古驿道遗址
建筑与设施	综合人文旅游地	教学科研试验场所	汨罗市第一中学
		宗教与祭祀活动场所	屈子祠、普济寺、宝缘庙、普德寺、崇善寺、玉池古刹、资圣寺
		园林游憩区域	红花山生态园、八景洞自然生态区
		建设工程与生产地	加华牛业、屈原农场
		景物观赏点	龙舟竞渡观礼台
	单体活动场馆	祭拜场馆	屈原墓享堂、任弼时纪念馆
		展示演示场馆	长乐故事会民俗馆、屈原生平事迹陈列馆
	景观建筑与附属型建筑	楼阁	十二疑冢牌楼、沧浪亭、独醒亭、骚坛、招屈亭
	居住地与社区	碑林	屈原碑林
		特色街巷	长乐古街、新市古街
		名人故居	任弼时纪念馆
建筑与设施	归葬地	陵区陵园	八景洞烈士陵园、屈原墓
	交通建筑	桥	屈原桥、汨罗江大桥
		车站	汨罗火车站、汨罗东站
	水工建筑	水库观光游憩区段	兰家洞水库、向家洞水库、八景洞水库、红花水库、戴家洞水库
旅游商品	地方旅游商品	菜品饮食	粽子、甜酒、屈原酒、红薯粉、芝麻豆子茶
		农林畜产品与制品	金银花茶、八景凉茶、加华牛肉
		传统手工艺产品与工艺品	川山毛笔、屈原铁画、龙舟、香囊

续表

主类	亚类	基本类型	单体
人文活动	民间习俗	地方风俗与民间礼仪	丧葬习俗、赛龙舟、抢龙水、吃粽子、饮雄黄酒、挂艾叶、插菖蒲、供帖子、扎艾人、佩香囊、唱老戏、祭龙头
		民间演艺	故事会、踩高跷、玩龙舞狮、地花鼓、楚乐、巫乐、皮影戏、扇贝舞、端午民谣、长乐山歌
		宗教活动	祭屈大典
		饮食习俗	端午吃粽、喝雄黄酒、茶俗
		民间健身活动与赛事	龙舟赛
	现代节庆	旅游节	汨罗江国际龙舟节

（二）汨罗端午文化和旅游经济协同发展中政府功能的体现

汨罗市政府宣传部门在近年来的发展中不断地对其深厚的文化底蕴与优良的自然环境等进行宣传，吸引了更多游客，充分发挥政府功能，挖掘和创新端午文化旅游，从旅游业中寻求突破口，提升汨罗经济实力。现阶段从经济综合实力上来说，其已经成为全省范围内经济发展的重点，为全省经济增长提供了重要助力。

1. 着力完善端午文化旅游产业体系

随着社会经济的发展，汨罗市政府各部门充分发挥其功能，不断完善汨罗旅游产业体系，从 2012 年开始该地区的吃、娱、行、游等的经济类型比例显著提升。

（1）吃住条件不断改善

汨罗的三星级旅游饭店包括汨罗江大酒店、慧友大酒店、华瑞大酒店，并且目前随着该地区社会经济的整体发展与游客需求的不断提升，汨罗市政府充分发挥服务功能，正在规划筹建四星级旅游饭店，除此之外还包括省级旅游家庭宾馆、农家乐、度假村以及连锁酒店等各层级酒店，以满足不同层次消费者的需求。

（2）旅游商品渐具规模

在汨罗市政府的大力支持下，汨罗当地特色旅游商品企业迅速发展，政府旅游、招商等相关部门充分发挥其部门功能来发展端午文化特色产品，为当地特色企业助力护航。

①"屈原酒业"品牌不断壮大

湖南屈原酒业有限公司前身为国营汨罗酒厂，始建于1976年，已有四十多年历史。2003年经企业改制成立湖南屈原酒业有限公司。该企业一直以"弘工匠精神，创百年品牌"为追求，以诚信经营企业，以质量拓展市场，以品牌赢得未来，走产业融合之路，将"屈原酒"生态酿酒园打造成集白酒酿造、湘楚民俗、风景林园于一体的3A旅游景点，走"品牌战略之路"，将"屈原酒"打造成世界华人的"端午酒"。作为本地品牌企业，市委、市政府高度重视企业发展，联合市场推广相关专家，为企业提出实质性的发展建议，勉励公司负责人，增强发展信心，创新经营模式，进一步提高市场竞争力，打造地方品牌。

②汨罗粽子产业逐步发展

湖南省屈之源食品科技有限公司成立于2014年10月，是一家富有活力，更具时代创新精神的食品企业。公司全力传承、弘扬汨罗江畔传统美食手工技艺与文化，以屈子文化为核心，以汨罗江端午习俗为着力点，结合现代化标准生产与工艺，应用先进的企业管理与质量控制体系，集食品研发、生产、销售于一体，为广大消费者提供更安全、更健康、更美味的传统美食新体验。其企业文化和汨罗传统文化融为一体，得到汨罗市委市政府的高度重视，宣传、文化等相关部门积极助力，以传统文化品牌为中心进行市场宣传推广，将粽子这一作为汨罗最具代表性的特色旅游文化产品推介到全国各地，做好传承与创新的结合，融合古典和时尚的元素，将汨罗特色产品做大做强。

（3）旅行社持续发展

汨罗旅游部门积极对当地旅游行业进行管理和指导，着力发展旅游业。汨罗旅行社数量的提升也为该地区旅游经济增长与整体经济增长提供了充足的动力，显著提高了旅游业的市场份额占比。

（4）建设功能日趋完善

①河道管理

汨罗江作为汨罗的母亲河，这条江孕育着历史厚重的端午文化。为全面贯彻落实党中央、国务院、省委、省政府和市委、市政府的各项部署要求，进一步加强汨罗江河道管理和湿地保护,2017年全面推行河长制。汨罗市委、市政府多次召集相关部门、乡镇负责人,就汨罗江推行河长制召开专题会议,研究部署汨罗江河道及湿地保护整治综合执法行动方案,规范执法步骤,明确各执法单位的工作职责,通过一系列集中行动,有效解决了河道行洪、污染源排放、湿地保护等问题。

②市政配套设施

城市品位的提升,人居环境的改善,离不开市政配套设施。为了更好地配合汨罗端午文化旅游经济的大力发展,提升城市硬件设施势在必行。2017年,汨罗市政配套设施建设在市委市政府的高度重视下,完成了十大工作:完成海绵城市专项规划、城市桥梁检测及加固工程的报批和财评;完成地下管线普查及信息化平台建设报批、财评,拟定工程实施方案;完成鲁狮坝路、八拓路、罗城路(罗城桥至燎家山广场路段)勘测设计和初步设计,扫尾山水路建设;完成货车停车场工程(友谊河西侧、罗城路南侧);完成交警大队广场东北角小游园建设和环卫处整体搬迁用地选址;完成垃圾屋(公测)初步设计;完成垃圾场三期建设前期;全面开展城乡连接线、城市节点部位绿化补植;城市道路下水道、排涝主渠已安排调查、清淤;团山污水管网工程已按设定工程实施。

③棚户区改造

汨罗市委市政府推进棚改工作,有利于提升城市的品质,扩大城市的空间,为汨罗发展端午文化旅游经济打下良好基础。汨罗市委市政府组织专门班子,加快项目融资;出台相应的激励措施,确保棚改项目顺利推进。全市共有9个安置区建设项目,其中,公寓式安置区7个,还建式安置区2个。在公寓式安置区中,大众北路安置区和罗城安置区一期已完工,罗城安置区二期2017年完成工程主体。茶园安置区于2020年完工。窑州安置区、二期公租房和60平方米安置房于2021年年底完成主体。南托安置区和新市安置区已做好前期工作。归义安置区正进行规划设计。在还建式安置区中,南托新村建设已基本完工。

2. 大力推进端午文化旅游规划发展

(1)加大端午文化旅游规划力度

汨罗政府组织专家团队拟定了《屈子文化园概念设计方案》《汨罗江

湿地保护规划》等发展方案与相关规划内容,并在此基础上先后详细规划了滨江新区等的重点旅游建设项目。结合《湘罗市旅游发展总体策划方案》中的内容来看,汨罗将通过特色旅游的开发提高其文化旅游建设层次,吸引更多游览者参与:第一,基于汨罗江龙舟体验基础上的"蓝色之旅";第二,基于屈原爱国主义精神条件下的"红色之旅";第三,基于屈子文化园和汨罗江湿地公园等的"绿色之旅";第四,为充分发挥古寺、古街等的文化特色,侧重于民俗体验、烧香祈福等的一体化旅游产品开发。

(2)强力推进端午文化旅游项目建设

汨罗市政府基于特色旅游文化建设线路积极推进各个项目的建设与开发。首先,交通方面。汨罗在近年来的发展中积极推进交通方面的建设,包括 201 省道汨岳段、武广高铁汨罗东站、人民路、107 国道新市立交桥、硬化乡村公路等的省道、城区街道、乡村道路等的各个层面的建设,共计投入十多亿元,建设效果显著,为该地区社会经济发展提供了充足的动力,并对标识、指示与标牌等的建设进行了大力完善,构建了完善化、一体化与高质量化的旅游交通网络。其次,旅游项目的建设。汨罗旅游投融资公司在近年来的发展中,仅仅旅游项目的建设投资便已经支出了十多亿元,包括汨罗江拦河闸主体工程、绿化友谊河风光带、新市立交桥广场、扩建资圣寺等旅游工程与景点项目,尤其在屈子文化园建设中,共投入了 3.8亿元,投资效果显著,使其具有更高层次的意义,成为全球华人的共同精神家园。截至 2021 年年底,相关核心景区的建设与规划已经基本完成,其他项目建设也正处于积极建设范围,相信在不久的将来都能投入使用,实现更广的文化传播范围。

(3)端午文化生态旅游功能渐显活力

①屈子文化园正式开园

屈子文化园建设按照"先核心后外围、先主体后配套、先启动后铺开"的总体原则,陆续完成屈子书院、屈原纪念馆等核心景区主体项目建设,入园交通干线建设、园区路网建设、环境整治以及大小数十处历史景点的恢复和修缮,完成基本的配套服务设施。核心景区基本建成后,通过政府引导、市场运作、滚动发展、产业带动,用 5 年左右的时间打造成一个集文物保护、文化旅游、休闲体验、产业开发于一体的一流产业园区。从

2009年准备开始筹建，历经8年，2017年5月30日屈子文化园正式开园。

②汨罗市诗歌中华小镇项目建设正式启动

2016年11月，为顺应全球文化觅祖寻源发展之态势，创建人文慢城旅游之需求，金诚集团、汨罗市政府、中铁十八局集团三方共同签约，打造以诗歌文化为核心的汨罗诗歌中华小镇，围绕千年古祠屈子祠打造一个5A级核心景区。景区包括楚辞植物园、诗歌中华国际交流中心、屈子书院、屈子精舍、九歌园、诗意水仙湖舞台、诗歌文化创意园、楚城、楚风商业街等。

③屈子生态湿地公园建设完工

屈子生态湿地公园片区建设项目是2017年汨罗市17个重点建设项目之一，规划面积1.1平方千米，水面面积700亩，是当地首个重大型综合生态建设项目，对历史文化宣传、人们的居住环境改善以及提高城市品位等均具有重要意义。该公园项目的建设同样也受到了市委市政府领导班子重视，更是多次到场考察、指导相关工作的进行，要求明确各个参与部门与单位的职责，提高项目建设质量与效率，为该市经济发展增光添彩。归义镇和汨罗镇属地单位明确自身职责并且配合相关工作进行，全员参与，共同助力。

④规划建设汨罗江国家湿地公园

汨罗江国家湿地公园是集湿地休闲、湿地保护保育、宣传教育等于一体的国家湿地公园。公园设计规划主要由国家林业局中南林业调查规划设计院负责。公园内部分为湿地生态保护保育区、综合管理服务区、科普宣教和文化展示带以及休闲旅游区等区域，共计2 945.70公顷。汨罗市委市政府邀请规划设计专家组对汨罗江畔湿地及其周边的屈子祠、屈原墓景区、污水处理建设工程等进行了全面考察，仔细审查了规划设计文本，听取了汨罗市委、市政府和规划编制单位的情况汇报，并与相关部门进行了交流，出台了湿地公园总体规划设计方案。

⑤沿江风光带建设初显成效

汨罗江风光带建设工程西起罗子国遗址，东至新市老街，全长近15千米。一期工程西起友谊河出口，东至二水厂取水泵房，全长2.8千米，总面积约29.4公顷。工程整体景观规划设计以"生态—休闲—运动—健康"为主题，结合修建亲水休闲步道、游路、自行车道将三段融为一体，于2013

年 6 月启动建设，2014 年 5 月竣工。汨罗江风光带二期西起二水厂，东至新市古镇，长约 7 千米，按诗歌的发展轨迹，分为诗歌之源、诗歌之流、诗歌之潮、诗歌之启四个区块，打造一条诗歌文化长廊。沿线设有诗歌文化休闲街、儿童游乐园、诗风画意展示区、端阳文化生态园、阳光浴场、名人立柱广场休闲园以及诗趣书屋，铸就汨罗文化窗口、城市休闲娱乐名片。

3. 致力打造端午文化旅游经典品牌

（1）成功举办端午国际龙舟节会

龙舟竞渡在经过 2000 多年的发展之后目前已经逐渐形成了规模化、产业化的文化习俗，是当地甚至全国范围内在端午节的时候都会上演的节目，具有更深远的文化传播意义。汨罗市政府能够充分发挥当地文化特色，并将此作为优势打响龙舟文化品牌的发展战略，对于我国端午文化、龙舟文化的弘扬以及当地经济发展均具有重要意义。强化龙舟组织、节会招商运作、节会活动亮点展现以及龙舟赛事丰富化发展等均已经成为该活动发展的模式化运作形式，充分融合了文化、游戏、旅游、体育、唱戏等的各种活动，达到了良好的文化推广目的，至今汨罗市端午国际龙舟节已经成功举办了十四届。

（2）强势开展端午文化宣传促销

汨罗市政府基于"端午源头、龙舟故里"这一形象设计了旅游形象宣传标志，达到了很好的宣传效果，给广大群众留下了深刻的印象。具体主要应用了主流媒体宣传、户外广告宣传、精美画册宣传等形式，大力推介汨罗旅游，比如在各个旅游景区与旅行社推动《汨罗旅游风光片》等系列漫画，收到了很好的宣传效果。

自汨罗市政府打造一系列传统文化旅游活动以来，各大主流媒体纷纷来汨罗进行采访宣介，在大众视野中呈现出了多方面的文化汨罗。中央电视台"我们的节日·端午"全方位记录端午文化活动；"舌尖上的中国"大型纪录片引领观众了解汨罗的传统美食文化；湖南省、市、县级各大媒体每年对汨罗传统文化旅游的推广，让更多的人知晓端午传统文化氛围浓厚的汨罗。

汨罗本土艺术家大力挖掘汨罗元素的素材，创作一系列本土优秀作品，由汨罗本土剧作家甘征文先生作词、作曲家杨懿先生作曲的《世界有条汨罗江》，作为每年国际龙舟节开幕式主题歌广为熟知，还有《端午龙舟》《中华一条船》《香草美人》《千年古镇新市街》《长乐甜酒谣》《骆驼颂》等具有汨罗特色的歌曲，让大众从歌曲中认识了汨罗。大型原创现代花鼓戏轻喜剧《甜酒谣》2018 年 8 月通过了国家艺术基金验收，10 月份参加了湖南省第六届艺术节，荣获多个奖项，受到广大观众的喜爱。

4. 努力优化端午文化旅游环境

汨罗市政府着力优化端午文化旅游环境，主要体现在提供保障机制、规范行业管理和保护资源环境等方面。

（1）提供保障机制

一是加强组织领导。专门针对汨罗旅游发展问题成立了专业的工作领导小组，组长由市长负责担任，顾问由市委书记担任。在具体发展过程中实现了招商旅游局与旅游局的分离，并在加强市龙舟办与旅游局联合署办的合作后使得旅游局的职能得到了进一步强化。二是完善相关政策措施。为实现旅游行业资本的丰富性，制定了《汨罗招商引资优惠政策》等一系列政策措施，在拓展招商渠道的途径下实现了该地区旅游行业的迅速发展。三是设立旅游发展基金。在每年的"三产"税收中财政会提取 5% 左右的比例用于旅游开发建设，称之为旅游开发基金，该基金的作用还包括奖励对旅游产业发展起到重要贡献的单位或者个人。四是加大部门预算。在加大旅游管理部门预算的形势下能够使其有更大的发挥空间，促进该地区旅游行业规模化、规范化与秩序化的发展。

（2）规范行业管理

一是强化旅游行业协会工作。汨罗市为进一步促进该地区旅游行业的发展，于 2007 年正式成立了旅游行业协会，并针对该景区宾馆与旅行社等的经营行为制定了一系列措施与制度。二是成立游客服务咨询中心。汨罗游客服务咨询中心正式设立于 2009 年，实现了门票的统一售卖与印刷，配备专门的人员负责游客的接待与咨询等工作，这在很大程度上提高了游客对景区景点的好感度，营造了良好的景区形象，提高了景点经营、服务管理等的质量。三是加强旅游安全工作。安全工作一直以来都是旅游工作中极为注重的工作，汨罗旅游局加强安监、消防与安全等相关单位展开了定期或者不定期的安全检查，尽可能确保游客安全，为广大游客营造更好、更安全的旅游、休闲环境。

（3）保护资源环境和文化环境

汨罗市政府为切实保障生态环境的优良化与可持续化发展，实现对端午文化旅游资源的全方位保护，加大了对"两山""两市"与"两江"的整治，启动了一系列专项行动，包括"控建拆违"等，积极参与湘江流域重金属污染治理和环洞庭湖小企业污染整治等的工作，取缔、关停了113家无证采矿企业与各类加工企业等。尤其是为进一步促进环境整改工作的进行，还专门设立了1 000万元奖补资金用于大力发展低碳经济。

①长乐、新市古镇修复

为发展端午古镇文化旅游产业，再现昔日"小南京"的实力、活力和魅力，汨罗市委、市政府采用"政府主导、公司运作"的模式对古镇进行保护和开发建设；拟建成"国内慢城典范，湘北历史名镇"，将古镇打造成颇具湘楚文化特色的旅游名镇。项目总用地77.74公顷，其中建设用地58.30公顷，总建筑开发量控制为42.63万平方米，古镇规划居住总人口1万人，将延续新市古镇格局，形成新的"三街九巷十码头"整体结构。项目分五大功能区：古镇商贸文化区、南部休闲文化区、滨江绿带、古镇门户区、滨江居住区。投资估算约7 800万元，主要用于建筑保护整治、环境综合整治、基础设施改造、展示利用设施的费用。

一直以来，走麻石街、喝甜酒、看故事，是长乐这个千年小镇独特的记忆所在。随着时间流逝和时代发展，经历千年风雨的麻石古街受到了人为的破坏，亟待保护。2022年年初，汨罗市长乐镇启动"故事小镇"建设。为保护这些麻石，古街改造指挥部组织工作人员从上市街开始，利用人力分段逐块将麻石取出送往储存地，集中进行清洗保存，计划待周边的建设与古街改造完工后，再进行铺装，以避免各类大型机械对这些古老麻石造成不可逆的损害。

②汨罗江畔端午习俗申遗成功

"汨罗江畔端午习俗"于2005年入选我国首批国家级非物质文化遗产保护名录，2009年9月30日中国端午节列入《人类非物质文化遗产代表作名录》，"汨罗江畔端午习俗"名列其中。

③长乐抬阁故事会列入国家级非物质文化遗产

早在隋唐时期就已经开始了长乐抬阁故事会的习俗，直到明清时期发展至顶峰，是一项专属于湖南省汨罗市的传统民俗活动，其中包括文学、表演、时代精神以及地理等各类传统艺术，2008年被国务院批准列入国家级非物质文化遗产名录。为了更好地让故事会传承下去，传承人策划建立了长乐上市街故事会博物馆和下市街故事会民俗馆，成立了"故事会传习所"，并现身说法、亲身授教。近年来，先后举办"传习班"20余期，培训人数1 000多人次，培养传承人6人；还先后组织长乐抬阁故事会参加全国各地大型文化活动60多次，把长乐抬阁故事会推向了全国。

（三）文化旅游融合发展氛围形成

1. 居民关注度持续增加

自汨罗发展端午文化特色旅游以来，吸引了众多海内外游客来此体验极具特色的文化旅游，让游客在旅游观光的同时感受屈原的求索精神、龙舟的拼搏精神，满足其精神文化需求。2018年汨罗全市人均GDP已达23 137元，理论上已经进入了居民普遍具有旅游、休闲、度假需求的时期。

2. 旅游及旅游收益稳定增长

汨罗市政府制定端午文化旅游发展战略，打造宜居生态旅游文化城市，明确"绿水青山就是金山银山"的发展思想，结合端午文化，旅游经济取得了突飞猛进的发展，从原来的边缘发展模块发展为先导发展模块，成为汨罗经济发展的新生中坚力量。

三、昆明市宜良县九乡麦地冲村农文旅融合推动乡村振兴案例分析

昆明市是云南省的省会，也是全省经济社会发展的火车头，具有得天独厚的区位、气候、环境等优势，生态宜居，素有"春城""花城""中国健康之城"的美誉，文化底蕴深厚，是国家137座历史文化名城之一。2019年，昆明市立足大城市、大农村与大山区并存的基本市情，启动实施乡村振兴创新实验区建设，计划用3~5年时间，因地制宜打造6个实验村，深度挖掘本地资源，实现农文旅融合发展，从而探索乡村经济振兴的发展

之路，为实现乡村振兴战略目标创造条件。目前昆明市已经完成了政校合作平台的搭建，制定了切实可行的乡村振兴实施方案，方案正在稳步推进和落实当中，随着各项工作的开展、方案的逐步落实，昆明市必定迎来一个新的发展高峰。

从 2019 年开始，昆明市财政为了积极响应乡村振兴战略，每年提供 2 亿元的专项资金，在财政资金的导向之下，吸引了很多社会力量参与到实验村的建设当中，包括金融机构、社会组织，还有很多社会群众，通过投资或者投工等方式，参与其中。截至 2021 年 12 月底，实验村共投入资金6 601 万元，其中财政投入 3 833 万元，整合各类资金 2 620 万元，社会组织投入 148 万元。与此同时，为了推动乡村振兴战略的全面实施，昆明市的金融机构为其提供了 310.64 亿元的信贷资金，其中 1.42 亿元资金用于实验村的建设当中。

在完整、全面、准确把握乡村振兴"20 字"总要求（产业兴旺、生态宜居、乡风文明、治理有效、生活富裕①）前提下，昆明市立足实际进行分类指导，6 个实验村立足村域特色资源，因地制宜探索，找准不同的切入点，形成农文旅融合推动乡村振兴的新业态、新路径。宜良县九乡麦地冲村在乡村振兴的硬件投入和制度建设方面所取得的成效最为明显。宜良县属于传统农业大县，是全市农业的"全能冠军"，农业发展有基础、有条件、有亮点，作为生态资源富集的后发展地区，深入实施乡村振兴战略，推动乡村生产、生活、生态（"三生"）融合发展恰恰是宜良县在高质量发展要求下实现"弯道超车"的战略机遇。麦地冲村地理位置相对比较偏僻，距离县城 40 千米，当地的资源得不到有效流动，经济发展速度缓慢，但也正是因为如此，才保留了当地的原生态的资源。经过各方的不断开发，当地的旅游资源得到了充分利用，并在此基础上开发了九乡风景区——属于国家级的风景区，现有 50 户、170 人，耕地 154 亩、山林 2000 余亩，农业主要以种植为主。在政策、智库专家、项目资金等外部资源的注入下，仅仅一年多时间，麦地冲村就入选了全国乡村旅游重点村，凭借着独特的、原生态的乡土旅游

---

① 中共中央党史和文献研究院编. 习近平关于"三农"工作论述摘编 [M]. 北京：中央文献出版社，2019：21.

资源，吸引了大批游客的关注，成为远近闻名的网红村。每年都有大量的游客在这里浏览和驻足，为当地经济的发展注入了活力。

（一）把创意农业作为农文旅融合发展的切入点

没有题材就没有创意，没有创意就无法提高农业附加值。最高层次的题材创意是和国家战略紧密结合，如城乡融合发展战略、生态文明建设、立体循环农业发展、质量兴农战略、田园经济等，通过创意对农业进行不同层次的开发，实现村庄生态文化资源的价值化增值。随着中等收入群体的增多，越来越多的人愿意为生态、安全、健康的食品买单，特别是都市人群每天忙碌于快节奏当中，他们收入相对偏高，但生活比较枯燥，希望能够通过旅游来感知他乡风光，希望能够在青山绿水中放松心情，缓解压力，也希望能够通过旅游来了解他乡的风土人情。乡村旅游就是为了满足都市人群的这种需求，利用稀缺的乡土资源设计出各种各样的旅游产品，在满足游客需求的过程中取得相应的经济和社会效益。一旦乡土资源得到了人们的认同，这些生态文化资源的价值化开发就迎来了历史机遇，也是实施乡村振兴战略的重要突破口。

麦地冲村以创意农业为主抓手（如图6-1），精耕细作田园景观，并且在田园景观之中融入文化、体验元素和美学思想，栽种万寿菊150亩，打造稻鱼共生示范种养项目200亩，成功举办九乡帐篷火把节、昆明市2019年中国农民丰收节暨稻田文化旅游节、2020年七彩梦乡彩色水稻插秧节等活动，2021年又推出九乡阿麦天"一日游"精品路线，勾勒出"鹊桥相会归园田，孔雀飞舞恋梦乡"的美妙意境和"采菊东篱下，悠然见南山"的惬意梦境，实现了"一产"农业的"三产化"开发，大大提升了农业附加值。这与国家倡导的绿色发展理念一致，堪称绿色生产方式的典范。这一绿色发展题材又与党徽、红船、民族等红色元素形成组合题材，成功上线央视频通过慢直播"出圈"，被《人民日报》海外版专题报道。紧接着，借着创意农业的"东风"，麦地冲村因地制宜地优化精品旅游线路，策划具有少数民族风情的火把节、体现传统农耕文化的插秧节，以"一域"带动"全域"，吸引数万游客前来赏景、体验、游乐，成为全省乡村旅游的最新网红打卡地，也进一步拓展农旅融合，以旅带农、以农助旅的乡村振兴新路径。

图6-1 麦地冲创意农业

（二）把盘活闲置资源作为农文旅融合发展的关键点

在城市经济活动中，不管是基础设施还是公共服务，大到楼堂馆所、小到点缀装饰，所有与生产生活有关的要素、资源、资产都已经被市场定价，并且大多以产权的形式加以固化，可交易、可变现、可流通。但相比之下，乡村的很多要素、资源、资产大多处于未定价状态，属于典型的价值"洼地"。农村土地和宅基地是最大的一块资产，虽然"三权分置"改革正在进行之中，但价值增值潜力尚未得到有效释放，同时乡村中有大量的生态文化资源空间或产品，在国家财政投资极大改善基础设施的条件下，它们现在已经在很大程度上成为可供投资者开发利用的重要标的。但是，这些乡村优质要素资源的激活难点不在于资金，也不在于技术，而在于如何确保要素资源的增值主体是农民。过去，盘活乡村要素资源的通行做法是引入外部资本，外部资本按一定租金付给农户再进行开发出租的模式。虽然短期内可以使乡村基础设施得到很大的改善，但农民除了得到一笔固定租金和务工收入外，最大的一块本属于农民的资产收益又被外部资本拿走了。麦地冲村创新探索村内闲置宅基地所有权、资格权、使用权"三权分置"的主要做法是：一是厘清权属情况，确定流转定价基准。在摸清村内闲置宅基地和农房底数的基础上，拟定闲置宅基地和农房使用权流转单价，召开村民大会讨论通过，进而确定未来三年内村内闲置宅基地和农房流转单价。二是因地制宜地改造建设中国农业大学专家工作室，打造民宿示范区。村集体经济合作社成立麦地彩居有限公司，负责专家工作室的改造装修工作，将其打造成示范民宿，然后流转7间闲置烤烟房、6间牲畜房的使用权到村集体经济合作社，由合作社集中改造为民宿，并对改造后的民宿进行公司化经营管理。集体资产运营公司采用村民入股的方式组建，建立起了村民利益和村集体发展的联结机制。由运营公司对改造后的民宿进行公司化管理经营，所得利润部分归村集体经济合作社，用于发展集体经济和村民分红，剩余利润归运营公司发展和股东分红，以此推动资源变资产、资金变股金、农民变股东。以"乡村学舍"为中心，统一改造示范民宿区（如图6-2），共改造民宿21间、提供床位26个。自2021年6月6日核心示范区运营以来，周末民宿基本爆满，综合收入达53万余元。同时，以多元股权改革为牵引，重构村集体经济。该村将自2019年成为昆明市都市驱动型乡村振兴示范村以来的所有财政投入作为公共股，动员一户多宅农户以每平方米408元的价格评估入股村集体公司作为宅改股，本村村民每股5 000元，以最多不超过10股的现金入股，在持续深化宅基地改革的同时，形成"公共股＋宅改股＋现金股"

图6-2　麦地冲示范民宿

的多元股权新模式，推动了村集体经济的发展。

（三）把创新项目管理作为农文旅融合发展的着力点

多个渠道争取项目资金，创新项目管理和落地方式，努力让留村哺农利益多起来。一是优化项目招投标程序。出台实验区项目工程管理办法，对投资10万元以下的单个项目，采取"材料采购＋聘请工人"的模式。对投资超过10万以上的项目，通过竞谈等方式确定工程建设材料采购单位及建设工人，同等条件下优先承包给村内施工队及有施工经验的村民。二是优化项目审批程序。如果小型建设项目直接被纳入实验区的规划当中，那么就无须进行可行性调查，直接进入设计阶段，可以利用原有的资源通过修复或者修缮来彰显项目的价值，也可以直接进行建设，审批手续非常简单，无须立项即可开工建设。三是管好、用好奖补资金。出台项目奖补资金管理办法，确保各类奖补资金专项用于实验区的项目建设。创新采取乡级报账制，将原来的单笔小金额财政资金支出需要多部门审签，简化为乡村组三级一次会审通过。四是创新开展金融支持乡村振兴工作。县信用联社进行整村授信，授信农户、授信金额两个指标分别为 50 户、1 050 万元，为了鼓励返乡青年创业，当地的金融部门还专门为此设计了产品，其中乡村振兴卡、授信额度数量分别为 50 张、330 万元。金融支持为创业青年注入了信心，很多青年通过创业实现了有效发展，为乡村经济的振兴做出了巨大贡献。

（四）把培养人才作为农文旅融合发展的支撑点

麦地冲村通过中国农业大学和驻村工作队，以建立麦地彩居公司就业平台为联结，带动当地适龄青年、外出打工村民等群众，同时着重培养心有农业、情连农村，有先进发展理念的"新农人"。一是组建成推动麦地冲乡村旅游发展的运营管理团队。现阶段，在麦地冲村的运营团队中，有 3 名返乡青年村民分别负责执行管理、财务管理、技术运行三个方面的工作，薪酬待遇参照城市就业的相关制度，同时根据企业发展需要定期安排员工培训和赴外地交流考察学习。二是建立青年人才培育基金。这为实验期间麦地彩居有限公司员工的工资及培训费用支出提供了保障。三是依托九乡乡政府服务中心见习基地，为返乡青年提供一年期的实习补贴。四是建立优秀后备人才培养选拔机制。人才是实现乡村经济发展的关键，只有重视人才的引进和培养，才能不断提高人才团队的综合实力，才能推动农村经济的快速发展。乡村振兴实验区非常重视人才的培养，选拔很多本村青年人才作为培养对象，把他们作为农村经济发展的后备力量。

（五）把机制创新作为农文旅融合发展的落脚点

1. 产业增值收益留村机制

（1）多举措培育村内产业体系，提升产业增值能力

一是以彩色水稻创意农业、民宿示范区为主体形成新业态产业。建立

彩色水稻种子采购、图案插秧前 GPS 测绘打点等稳定渠道，在村内培养专业的育苗、插秧、管护、收割队伍。建设多功能会议室、集体餐吧和水吧、便利店，开发青少年农趣体验等项目，完善必要的接待配套设施。以民宿示范区为引领，通过民宿示范经营，动员更多的村民参与民宿改造和餐厅建设经营活动。用好国家乡村旅游重点村的金字招牌。二是完善新业态产业的配套基础设施。通过建设游客服务中心、旅游公厕、游步栈道、旅游标示牌、彝乡大舞台等基础设施，重点打造"彝乡欢歌"彩稻景观、"我心向党"荷塘景观、溪流绕村景观、橙色花海万寿菊景观、一号观景台望月阁景观等打卡点。结合打造九乡风景区—古耕庄园—七彩梦乡·麦地冲—天生桥等精品旅游线路，为游客提供导游服务。

（2）建立新业态产业和辅助型产业利益留村机制

一是充分发挥农村集体经济组织的作用。一直以来推动农村经济发展的力量来自农村集体经济组织，但是随着时代的发展，该组织已经落后，缺少了发展动力，所以要对此进行全面改革，包括明确产权、股份制改革等。只有通过改革和创新，才能调动组织成员的积极性与主动性。麦地冲村在旅游开发、特色农产品加工、文创产品发展等方面，大胆创新，同时也借助村民的力量实现发展：鼓励村民以各种方式入股，集中各方力量，壮大集体经济，推动当地乡村旅游的有效发展；组建强有力的村集体经济组织班子，带领广大村民投入集体资产的管理和开发应用当中，集中一切优势力量实现有效发展，创造出更多的经济价值，让农民获得更多的收入，让农村经济实现快速发展。二是发挥村民主体作用。充分尊重村民意愿，全力保障村民权利，在项目谋划、建设、经营过程中充分听取村民意见，认真采纳村民合理诉求。特别是在村庄建设项目推广的过程中，积极征求村民意见，鼓励村民参与其中，通过"投工投劳"的方式为项目建设贡献应有的力量，同样还能够从中获得一定的回报。针对政府投资村庄建设，大力支持，积极参与，比如农村供水和道路建设等，这些项目建成之后并非归政府所有，而是村集体占有其产权，并由其承担管护责任，引导受益村民、企业、商户参与管护，保障村庄建设的有效运行。三是成立集体资产运营公司。结合"乡村 CEO"等"新农人"培育项目，在村内成立集体资产运营公司，承担对村集体经济组织所委托的资源资产进行管理、开发，对改造后的民宿、餐厅、会议室、停车场、便利店等进行运营，对农特产品和文创产品进行开发营销。

（3）建立新业态产业和辅助型产业利益哺农机制

实验村工程项目的管理坚持政府引导、村民主体、公正与实效并重的原则，最大程度简化工程项目审批程序，最大程度减少非必要环节费用，实现留村利益最大化。实验村的建设项目通过竞谈比选或邀请招标等方式，研究确定具有相应资质的施工单位和供应商，同等条件下优先考虑村集体及村民施工队。

2. 乡村生态资源经济价值实现机制

优化空间布局，加强生态保护修复，开展山水林田草系统治理。一是建设一个花园式村庄。村内，以炮仗花、黄金菊等耐霜寒花卉为主，打造两条花巷；围绕彝家欢歌彩稻景观、"我心向党"荷塘景观、橙色花海万寿菊景观、溪流绕村亲水平台、望月阁观景平台等重点沿路沿线，以黄金菊、美女樱为主，打造三条特色花间长廊。村外，大力支持云南百方香业科技发展有限公司"稻梦空间、花田穗道"项目建设，围绕乐利村水库以下100亩土地，打造玫瑰花海。二是着力提升人居环境。整村推动厕所革命，无害化卫生户厕覆盖率达90%；建设污水管网和处理站，污水处理率达到90%。三是建立"生态农文旅"模式。通过申报国家市级森林庄园建设项目，促进传统农业产业转化提升为绿色发展的生态主导产业，以田园变花园、农品变名品、民居变民宿、村庄变景区的"四变"实现生态价值的全面提升。

3. 乡村特色文化传承保护机制

一是加强对本土各类文化挖掘和保护。加大村庄文化挖掘力度。对村庄的发展沿革进行梳理，增加村庄文化厚重感。加强对村内传统建筑的保护与修缮，积极探索实践将现状传统建筑活化利用，结合民宿示范区建设，实现滇中传统土坯房与北欧乡村小屋建筑风格的有机融合，形成麦地冲村特有的建筑风貌。二是进一步开展文明惠民工程。建设"田园书屋"，进一步完善基层公益文明服务阵地建设，进一步推进文旅服务设施融合发展和基层新时期社会主义文明践行中心点位建设，打造"文化客厅"和"田园书屋"，助推创新生态阅读模式，大力开展红色经典阅读、亲子阅读等活动。三是打造旅游精品线路。整合九乡风景区、九乡旅游小镇、古耕庄园、麦地冲村、天生桥村、板田冲村等旅游资源，争取进入昆明市旅游精品线路。加强新媒介传播推进力度，有效整合传统媒体和新兴传媒等资源，吸引抖音、快手、微博等新媒体平台深入麦地冲村体验生活，创作一批宣传精品。争取云南省旅游名村、国家乡村旅游重点村创建，建设3A级旅游厕所1座，在村内设立全域旅游标识标牌，自主设计IP及文创产品伴手礼，打造麦地冲村文化名片及创意产品。

4. 乡村治理能力提升机制

坚持和加强党对乡村基层治理的集中统一领导，以麦地冲村党支部为核心，探索建立以村民为主体，村党支部、合作社、社区社会组织、外部社会组织等社会力量为一体的乡村发展治理模式，形成现代化的乡村治理体系，实现自治、法治、德治。只有多方力量共同参与到乡村社会的治理当中，才能形成科学的社会治理格局，各方力量在共建共治的过程中实现共享。

5. 组织动员农民发挥主体作用机制

一是发挥基层党组织作用。基层党组织活跃在基层一线，直接和群众面对面地交流，只有发挥其作用，才能更好地为群众服务，赢得群众的支持和认同；同时要健全村级组织体系，结合村（社区）"两委"换届，选优配强麦地冲村党支部负责人；明确党支部总揽村内工作全局的地位，明确村党支部书记"一把手"职责，全面主持村内工作；支持村党支部书记通过法定程序担任村小组集体经济组织理事长；选派驻村工作队队长兼任社区党组织第一书记。通过建立健全各种保障制度，保障村民积极地参与到村级事务的治理当中，特别是在重大决策时，要鼓励村民的参与，要倾听村民的意见。另外还要完善重要事项决策程序、议事协调机制和矛盾纠纷调解机制，和群众利益密切相关的事项，必须严格按照程序进行讨论，公开公示其内容，保障群众的知情权。二是发挥强化党员、高素质村民的示范带动作用。建立高素质村民培育机制。依托高校、企业、社会组织等专业资源，举办专题培训班，组织村民广泛学习相关产业技术，选派村民到相关产业基地、示范点学习，提高村民的经营管理能力。通过系列培训，发现和培养更多优秀村民，建立"乡村CEO"团队人才储备库。把高素质村民吸收进党员队伍。动员村内技术骨干、新乡贤等高素质村民积极向党组织靠拢，优先从退伍军人、回乡返乡人员、致富带头人和在实验区建设中的先进分子中发展党员。三是充分调动普通群众参与积极性。创造更多让村民受益的机会。借助改革试验区的建立，在村级党组织的统一领导下，组织农民积极参与村内工程建设、管理经营等工作，并提供许多可以使农民就近参与农业生产或工作的机会，同时采取以奖代补、以工代赈等方法，使农民从"投工投劳"中得到适当的经济报酬，从农民主动投入改革试验区建设过程中进一步提升其对农村振兴的主人翁意识，使农民从被动投入向积极参加改革转化，从而实现农民在乡村振兴中的主体作用。

参考文献

[1] 刘建明. 宣传舆论学大辞典[M]. 北京：经济日报出版社，1993.

[2] 宋毅，张红. 产业发生学引论[M]. 北京：中国社会科学出版社，1993.

[3] 杨学仁，朱英国. 遗传学发展史[M]. 武汉：武汉大学出版社，1995.

[4] 王旭. 工业城市发展的周期及其阶段性特征——美国中西部与中国东北部比较[J]. 历史研究，1997（06）.

[5] 白钦先. 政策性金融论[J]. 经济学家，1998（03）.

[6] 李江帆，李美云. 旅游产业与旅游增加值的测算[J]. 旅游学刊，1999（05）.

[7] 陆家骝，林晓洁. 新经济资源观与我国新世纪发展的资源策略[J]. 学海，2000（02）.

[8] 朱善利. 微观经济学（第二版）[M]. 北京：北京大学出版社，2001.

[9] 吴必虎. 区域旅游规划原理[M]. 北京：中国旅游出版社，2001.

[10] 白钦先，杨涤. 新资源要素和经济增长发展理论[J]. 中国人口·资源与环境，2001，11（04）.

[11] 李天元. 旅游学[M]. 北京：高等教育出版社，2002.

[12] 马健. 产业融合理论研究评述[J]. 经济学动态，2002（05）.

[13] 王兴斌. 中国自然文化遗产管理模式的改革[J]. 旅游学刊，2002（05）.

[14] 李天元. 旅游学概论（第五版）[M]. 天津：南开大学出版社，2003.

[15] 户晓辉. 中国人审美心理的发生学研究[M]. 北京：中国社会科学出版社，2003.

[16] 李江帆. 文化产业：范围、前景与互动效应[J]. 经济理论与经济管理，2003（04）.

[17] 张涛. 旅游业内部支柱性行业构成辨析[J]. 旅游学刊，2003（04）.

[18] 庞爱卿，覃锦云. 激励理论与自然文化遗产资源管理体制改革[J]. 云南财贸学院学报，2003（05）.

[19] 林拓，李惠斌，薛晓源. 世界文化产业发展前沿报告[M]. 北京：社会科学文献出版社，2004.

[20] 刘滨谊，刘琴. 中国影视旅游发展的现状及趋势[J]. 旅游学刊，2004（06）.

[21] 李向民，王晨. 文化产业：变革中的文化[M]. 北京：经济科学出版社，2005.

[22] 刘易斯·芒福德. 城市发展史——起源、演变和前景[M]. 宋俊岭，倪文彦，译. 北京：中国建筑工业出版社，2005.

[23] 吕庆华. 文化资源的产业开发[M]. 北京：北京经济日报出版社，2006.

[24] 蔡尚伟. 文化产业导论[M]. 上海：复旦大学出版社，2006.

[25] 白钦先，杨涤. 21 世纪新资源理论——关于国民财富源泉的最新研究[M]. 北京：中国金融研究院，2006.

[26] 张乃和. 发生学方法与历史研究[J]. 史学集刊，2007（05）.

[27] 单霁翔. 关于"城市"、"文化"与"城市文化"的思考[J]. 文艺研究，2007（05）.

[28] 王慧敏. 旅游产业的新发展观：5C 模式[J]. 中国工业经济，2007（06）.

[29] 贺红权，刘伟. 我国旅游资源产权制度的演进趋势及启示——基于一个文化古镇背景模型的分析[J]. 中国软科学，2007（12）.

[30] 张河清，陈宁英. 红色旅游城市的市场竞争态分析——以6大红色旅游城市为例[J]. 旅游学刊，2008（11）.

[31] 李小建，李国平，曾刚，等. 经济地理学[M]. 北京：高等教育出版社，2009.

[32] 顾江. 全球价值链视角下文化产业升级的路径选择[J]. 艺术评论，2009（09）.

[33] 吴必虎. 旅游规划原理[M]. 北京：中国旅游出版社，2010.

[34] 保继刚，等. 区域旅游经济影响评价：模型应用与案例研究[M]. 天

津：南开大学出版社，2010.

[35] 张翔. 基于SERVICE的嵌入式学科服务营销——武汉大学图书馆学科服务探索[J]. 大学图书馆学报，2011，29（05）.

[36] 吴金梅，宋子千. 产业融合视角下的影视旅游发展研究[J]. 旅游学刊，2011，26（06）.

[37] 张雨晴，杨嘉琳. 定制旅游景区安全服务管理模式的探索[J]. 中国商贸，2011（12）.

[38] 张辉. 中国旅游产业发展模式及运行方式研究[M]. 北京：中国旅游出版社，2012.

[39] 余洁. 遗产保护区的非均衡发展与区域政策研究[M]. 北京：中国经济出版社，2012.

[40] 刘颖. 嵌入式学科服务创新模式研究——基于嵌入性理论的思考[J]. 图书情报工作，2012，56（01）.

[41] 金卫东. 智慧旅游与旅游公共服务体系建设[J]. 旅游学刊，2012，27（02）.

[42] 孙梦阳，石美玉. 非物质文化遗产游憩者动机及其市场细分研究[J]. 旅游学刊，2012，27（12）.

[43] 张伟. 西方城市更新推动下的文化产业发展研究[D]. 济南：山东大学，2013.

[44] 袁中许. 乡村旅游业与大农业耦合的动力效应及发展趋向[J]. 旅游学刊，2013，28（05）.

[45] 朱虹. 努力把江西建成文化旅游强省[J]. 行政管理改革，2013（07）.

[46] 李峰. 文化产业与旅游产业的融合与创新发展研究[M]. 北京：中国环境出版社，2014.

[47] 桑彬彬. 旅游产业与文化产业融合发展的理论分析与实证研究[M]. 北京：中国社会科学出版社，2014.

[48] 张维亚，冯年华. 遗产管理与旅游开发——基于实证研究的思考[M]. 南京：南京师范大学出版社，2014.

[49] 高慧智，张京祥，罗震东. 复兴还是异化？消费文化驱动下的大都市边缘乡村空间转型——对高淳国际慢城大山村的实证观察[J]. 国际城

市规划，2014，29（01）.

[50] 程安霞. 试论民间祭祀空间的可参观性生产——以洛阳关林庙为考察对象[J]. 文化遗产，2014（05）.

[51] 王琳丽. 浅析洛阳旅游产业与文化产业的融合发展[J]. 焦作大学学报，2014，28（02）.

[52] 戴维·思罗斯比. 经济学与文化[M]. 王志标，张峥嵘，译. 北京：中国人民大学出版社，2015.

[53] 郭文. 旅游空间生产理论探索与古镇实践[M]. 北京：科学出版社，2015.

[54] 郝亚明. 民族互嵌式社会结构：现实背景、理论内涵及实践路径分析[J]. 西南民族大学学报（人文社会科学版），2015，36（03）.

[55] 王凤荣，夏红玉，李雪. 中国文化产业政策变迁及其有效性实证研究——基于转型经济中的政府竞争视角[J]. 山东大学学报（哲学社会科学版），2016（03）.

[56] 邢启顺. 西南民族文化产业与旅游融合发展模式及其社会文化影响[J]. 云南民族大学学报（哲学社会科学版），2016，33（04）.

[57] 刘洋，车震宇. 基于社区居民行为的旅游空间生产研究综述[J]. 价值工程，2016，35（06）.

[58] 宋慧娟，曹兴华. 四川民族地区旅游文化产业融合发展研究[J]. 成都工业学院学报，2017，20（01）.

[59] 周锦，张苏秋. 耦合视角下文化产业与旅游业的融合创新发展[J]. 艺术学界，2017（01）.

[60] 李大宇，章昌平，许鹿. 精准治理：中国场景下的政府治理范式转换[J]. 公共管理学报，2017，14（01）.

[61] 丁远朋. 嵌入式治理：政党与社会关系视阈下的党组研究[J]. 理论与现代化，2017（02）.

[62] 张娟，王茂军. 乡村绅士化进程中旅游型村落生活空间重塑特征研究——以北京爨底下村为例[J]. 人文地理，2017，32（02）.

[63] 胡惠林. 论文化产业的本质——重建文化产业的认知维度[J]. 山东大学学报（哲学社会科学版），2017（03）.

[64] 倪英子，覃正. 基于非正式经济的莆田系制度创业研究[J]. 财经理论
与实践，2017，38（05）.

[65] 潘海岚，李培英，樊爱霞，等. 西南民族地区文化产业与旅游产业融
合发展研究[M]. 北京：民族出版社，2018.

[66] 张朝枝. 文化与旅游何以融合：基于身份认同的视角[J]. 南京社会科
学，2018（12）.

[67] 吴晓霞. 论基层协商民主的"嵌入式发展"——基于国家与社会关系
范式的本土分析框架[J]. 社会科学家，2018（02）.

[68] 郭颖，余梓东. 用文化自信增强中华民族凝聚力[J]. 人民论坛，
2018（03）.

[69] 卢志平，赵紫娟. 顾客需求如何影响嵌入式、混入式服务转型——基
于帕维特产业分类[J]. 武汉商学院学报，2018，32（05）.

[70] 郭晓鸣，廖祖君，张耀文. 产业链嵌入式扶贫：企业参与扶贫的一个
选择——来自铁骑力士集团"1+8"扶贫实践的例证[J]. 农村经济，
2018（07）.

[71] 徐翠蓉，张广海. 新时代文化产业与旅游业互动融合发展研究[M]. 北
京：中国社会科学出版社，2019.

[72] 朱虹. 景德镇陶瓷的历史地位与发展战略[J]. 南昌师范学院学报，
2019，40（01）.

[73] 郭建晖，梁勇，龚荣生. 历史文化名城的复兴及其启示——来自景德
镇的调研报告[J]. 江西社会科学，2019，39（03）.

[74] 唐文玉. 借力于政治的嵌入式发展——"党社关系"视域中的民办社会组
织发展考察[J]. 华东理工大学学报（社会科学版），2019，34（04）.

[75] 张胜冰. 文旅深度融合的内在机理、基本模式与产业开发逻辑[J]. 中
国石油大学学报（社会科学版），2019，35（05）.

[76] 陶丽萍，徐自立. 文化与旅游产业融合发展的模式与路径[J]. 武汉轻
工大学学报，2019，38（06）.

[77] 向岚麟，董晶晶，王凯伦，等. 基于主体视角的历史街区地方感差异
研究——以北京南锣鼓巷为例[J]. 城市发展研究，2019，26（07）.

[78] 杨周，杨兴柱，朱跃，等. 山地旅游小镇功能转型与重构的时空特征

研究——以黄山风景区汤口镇为例[J]. 山地学报，2020，38（01）.

[79] 庄志民. 复合生态系统理论视角下的文化与旅游融合实践探索——以上海为例[J]. 旅游科学，2020，34（04）.

[80] 刁统菊，林德山，申作兰. 乡村振兴战略中乡村旅游可持续发展：关联、机理与路径[J]. 山东行政学院学报，2020（05）.

[81] 方李莉. 超越现代性的景德镇发展模式：从生产地到艺术区的变迁[J]. 民族艺术，2020（05）.

[82] 崔凤军，徐鹏，陈旭峰. 文旅融合高质量发展研究——基于机构改革视角的分析[J]. 治理研究，2020，36（06）.

[83] 王经绫. 民族地区文化和旅游融合发展影响要素的系统建构——基于71个民族县域文旅融合发展要素调查问卷的分析[J]. 西南民族大学学报（人文社科版），2020，41（08）.

[84] 闫宁宁. 景德镇陶瓷文化产业协同集聚与国家试验区协调发展的探讨[J]. 现代营销，2020（10）.

[85] 郑群明，姜奎. 湖南省旅游经济的地区差异与动态收敛性研究[J]. 长江流域资源与环境，2020，29（11）.

[86] 李小云. 盘活农村闲置资产要确保农民成为受益主体——基于昆明郊区六个村都市驱动型乡村振兴的实验[J]. 农村工作通讯，2020（13）.

[87] [法]亨利·列斐伏尔. 空间的生产[M]. 刘怀玉，译. 北京：商务印书馆，2021.

[88] 邹统钎. 走向市场驱动的文旅融合[J]. 人民论坛·学术前沿，2021（Z1）.

[89] 李明伟，李琳. 乡村振兴战略背景下乡村文旅融合发展的矛盾探讨[J]. 信阳师范学院学报（哲学社会科学版），2021，41（01）.

[90] 胡林荣，黄弘，李松杰，等. 景德镇建设内陆开放型文化重镇的路径研究[J]. 陶瓷学报，2021，42（01）.

[91] 彭蛟，彭小兵，张俊杰. 地摊经济发展融入城市治理的关键影响因素识别——基于DEMATEL方法的实证研究[J]. 现代城市研究，2021（02）.

[92] 邹晓松，戴清材. 陶瓷文化的历史生成与时代新变[J]. 江西社会科学，2021，41（02）.

[93] 肖潇，张雪娇. 试论当前我国"地摊经济"发展的内在逻辑与现实路径——基于马克思主义政治经济学视角[J]. 湖南科技大学学报（社会科学版），2021，24（02）.

[94] 陈建. 契合中的差距：乡村振兴中的文旅融合政策论析[J]. 长白学刊，2021（03）.

[95] 乔宇锋. 文旅融合发展路径及模式研究——以河南省陕州地坑院景区为例[J]. 河南工业大学学报（社会科学版），2021，37（04）.

[96] 刘红梅. 民族村寨旅游高质量发展引导乡村振兴的机制及路径[J]. 社会科学家，2021（04）.

[97] 赵华. 文旅融合下乡村公共文化服务创新体系研究[J]. 经济问题，2021（05）.

[98] 何璇. 文旅融合与乡村振兴衔接问题研究[J]. 中国行政管理，2021（05）.

[99] 陈家志. 乡村振兴背景下实施"乡村文化+旅游"路径探析——以福建省福鼎市为例[J]. 乡村论丛，2021（05）.

[100] 路平，朱玉利. 文化消费主义的现实样态、作用机制及其应对[J]. 思想教育研究，2021（05）.

[101] 吴一恒，马贤磊. 基于外部治理环境与内部治理结构视角的土地流转市场发育研究[J]. 农业经济问题，2021（05）.

[102] 傅才武，程玉梅. 文旅融合在乡村振兴中的作用机制与政策路径：一个宏观框架[J]. 华中师范大学学报（人文社会科学版），2021，60（06）.

[103] 张祝平. 以文旅融合理念推动乡村旅游高质量发展：形成逻辑与路径选择[J]. 南京社会科学，2021（07）.

[104] 符颢，朱喜钢，孙洁. 遗产商品化理论视角下旅游型乡村的中产化进程研究——以福建一都镇为例[J]. 现代城市研究，2021（08）.

[105] 邱峙澄. 文旅融合理念的价值维度与乡村文化振兴实践[J]. 社会科学家，2021（09）.

[106] 刘佳. 中华传统文化创新性传播的路径与对策[J]. 传媒，2021（10）.